CREMA VOLTEADA

Mario Valdivia V.

Pehoé ediciones
San Sebastián 2957, Las Condes
Santiago de Chile

ISBN Edición impresa: 978-956-6131-23-6
ISBN Edición digital: 978-956-6131-18-2

Diagramación digital: ebooks Patagonia

CREMA VOLTEADA

Mario Valdivia V.

(Columnas en lamiradasemanal.cl.
Noviembre 2019 – Agosto 2021)

PRESENTACIÓN

A fines de 2019, en un encuentro fortuito, Fernando Villagrán me ofreció –o me pidió, no estoy bien seguro– que colaborara en la revista digital **lamiradasemanal.cl**. Me une con él una vieja relación que podría ser considerada de amistad, aunque es demasiado esporádica para serlo. Quedaría mejor calificada como aprecio basado en el respeto, cuando menos de mi lado. Acepté.

Las movilizaciones sociales, que en mi opinión todavía no encuentran un nombre adecuado, estaban en su apogeo. Imagino que todas nos sentíamos desafiadas a hablar. Yo había publicado un libro titulado "Nada Más Que Mercados Y Leyes", en 2018 con Pehoé Ediciones. (Primera versión publicada en 2016 como "Un Sandwich De Pan Con Pan"). En ellos traté de mostrar que, a pesar de la democracia recuperada y los buenos resultados económicos, un hondo malestar primordial enervaba nuestra convivencia. ¿Anuncias una crisis social?, me preguntó el director de un diario que me entrevistaba. Le respondí que la veía muy posible, aunque no tenía fecha. Imaginé que Villagrán me abría las puertas de su revista, interesado en esa incursión adivinatoria.

Autor tardío de novelas policiales, nunca había escrito columnas de opinión. Me sentí desafiado, a pesar de que rara vez las leo, y ser un género que me gusta poco. Evitar el tono del experto que explica verdades, del profesor sabelotodo convencido de que la audiencia es una sala de clases, del predicador de feligresías cautivas, y de la subjetividad desatada, me pareció una aventura que valía la pena. Movilizado por la convicción de que todo se aprende por repetición, y por algunos porfiados genes vascos, durante a año 2020 no fallé semana alguna. Creo. Aprendí, las columnas me salieron cada vez más fáciles, emergió el goce de escribirlas; que sean buenas o malas es otra cosa. Supuse que eran un ejercicio rejuvenecedor valioso, considerando la edad que tengo. En el año 2021, me permití saltarme algunas semanas.

El julio de ese año encargué a tres nietos (edades entre 20 y 24) que revisaran las columnas y seleccionaran algunas para publicar en una colección. Les di permiso incluso para no seleccionar ninguna. Este es el resultado de su trabajo de lectura y evaluación. Lo demás corre por cuenta de la manito de gato final que espero me disculpen eventuales lectoras y lectores.

¿Por qué publicar estas columnas como libro? No tengo idea. Quizás espero que el viento que se lo lleva todo, tenga más dificultad para hacerlo con un libro que las empaqueta que con columnas de a una. Aunque sea digital. En realidad culpo a las tiendas digitales. Es tan fácil publicar y vender a través de ellas.

Lamento no poder incluir las ilustraciones que acompañaron las columnas, por obra y gracia de lamiradasemanal.cl. Algunas fueron un buen aporte.

Mario Valdivia V.
Pirque, Agosto 2021.

EL SAQUEADOR ES EL HOMO ECONÓMICO

(Noviembre 14, 2019)

Muchas personas se han sorprendido y horrorizado con los saqueos a supermercados y tiendas que han salpicado las protestas sociales. Muchas de esas personas quizá superan los 120 kilómetros por hora habitualmente si no hay carabineros a la vista. ¿Cuántas incluso usan radares "matapacos" (sugerente designación)? Con seguridad, más de alguna hace truquitos con sus declaraciones impositivas, que la Dirección de Impuestos Internos no aprobaría.

Solamente agentes individuales interesados en sí mismos componen nuestra sociedad, sostienen los liberales extremos que impusieron el "modelo" y educan a nuestros economistas y managers en universidades e institutos.

¿Qué más? Leyes, por supuesto. Individuos que tienen la libertad de actuar para satisfacer sus intereses, sujetos a la ley, son los átomos constitutivos. Y lo social no es más que el conjunto de relaciones que establecen entre ellos y ellas mediadas por la ley y por transacciones en el mercado.

Alguien podría preguntar si eso es todo, y echar de menos relaciones basadas en el respeto compartido a normas éticas, relaciones de reconocimiento recíproco que producen una convivencia compartida y la emergencia de identidades individuales con significado social. Seguramente sería mirado con displicencia, como alguien que sigue preso de una ingenuidad de otros tiempos. Las personas de inclinación de derecha tal vez apostarán a la suficiencia de las relaciones de intercambio para producir lo social. Las de inclinación de izquierda quizás insistirán en las necesidad de leyes para permitir que se produzca lo social.

Sin embargo, en ausencia de normas éticas compartidas, la ley es obedecida por los individuos auto interesados solo si calculan que pueden ser sorprendidos desobedeciéndola; por temor al castigo. En el fondo, para el liberal extremo de corte neoliberal, la ley es un recursos más, su obediencia queda sujeta al cálculo de costo beneficio y riesgo. Imponérsela a las demás y evitarla una misma, da ventajas competitivas.

En una sociedad basada solamente en mercados y leyes, el homo económico es un saqueador.

(Ver Mario Valdivia, Nada Más Que Mercados Y Leyes. La pobreza de un liberalismo extremo. Amazon.com)

NEOLIBERALISMO + TERCERA VÍA CONCERTACIONISTA= UNA MALA IDEA, FINALMENTE.

(Noviembre 21, 2019)

El neoliberalismo instaló un potente orden de mercados en todos los ámbitos de la vida.

La tercera vía creyó que con democracia podía manejarlo y aprovecharlo en su favor para organizar la provisión de infraestructura material y servicios sociales básicos –darle efectividad al Estado.

Puede que haya estado bien.

Sin embargo, lo que ambos, los neoliberales y la tercera vía concertacionista, dieron por hecho, fue que el desarrollo de la modernización capitalista en su dimensión económica quedaba entregada a la burguesía disponible, a las clases empresariales existentes –a su visión y sus decisiones. Una mala idea.

Después de invertir en la exportación basada en recursos naturales, la dinámica se estancó cuando estos se hicieron más difíciles de explotar o se agotaron; o bien, cuando los mercados internacionales dejaron de ser infinitos. Incluso cuando funcionó bien, produjo un desarrollo basado en grandes inversiones de capital y mano de obra abundante y barata –un crecimiento muy desigual.

Resultó ser una burguesía que no se subió por su cuenta a las olas de innovación tecnológica, la digitalización y la economía moderna de servicios. Siguió pegada a la explotación de la naturaleza.

Sabemos que la educación en Chile es de mala calidad. Lo que no quiere decir, como lo podemos suponer superficialmente, que eso afecte solamente a los "estratos socioeconómicos bajos". También nuestras llamadas elites tienen una pésima educación –irrelevante, aparatosa, con títulos y postgrados caros, hiper ingenieril e infantilmente racionalista, experta en resolver problemas y dar respuestas, no en hacerse preguntas ni pensar ni inventar, poco sensible–, como es testigo la pobreza de nuestra ciencia, nuestra intelectualidad, nuestros managers y economistas, y la disposición de nuestros empresarios. Confiar que estos últimos le darían dinamismo al futuro en un mundo en transformación acelerada, fue una mala idea.

Conducir la llamada modernización capitalista era demasiado crucial para haberla dejado en manos de la burguesía que tocó – la que había, la que estaba disponible.

COPIAR-ADMIRAR Y DESVALORIZARSE

(Enero 16, 2020)

Construimos nuestra democracia liberal (neo) hace décadas, copiando. Bajo la atenta vigilancia de economistas, aplicamos plantillas de un Modelo ideal en todos los planos de la vida. Primero fue el Modelo de los mercados libres, de la economía abierta, del banco central autónomo, y así. Imitamos lo que se hacía en Estados Unidos. Más adelante, la copia se extendió a nuestra existencia cotidiana. Dejamos de comprar en almacenes y comenzamos a ir a *centers* y *malls*. Empezamos a hacer *running*, *skating* y *trekking* –los de más arriba, *golf*.

En un popular álbum de 1986, Los Prisioneros invitaron a los copiones a irse del país –¿no admiraban tanto lo de afuera? Después del año 2000, sin embargo, la invitación podía hacerse extensiva a todos; cuando menos a la amplia clase media que repetía la copia con entusiasmo.

Copiar está preñado de admiración e ira. Es una acción movilizada por querer ser como otros, cargada de desvalorización a uno mismo. Estados Unidos era el patrón admirado por nuestros afanes copiadores. Su éxito, su poder, su libertad, su riqueza, su estilo individual, igualitario, democrático, desenfadado... Todo el mundo –cuando menos en "Occidente"– parecía ir en esa dirección. Estábamos en la buena compañía de la OCDE, que nos orientaba con estándares para evaluar la calidad del calco –servicio del FMI, el Banco Mundial, las Agencias de Riesgo, nuestros economistas...

En los países de Europa el Este, efectivamente una gran cantidad de población se fue –como sugerían Los Prisioneros –a los países de la UE: el goce del Modelo estaba disponible al otro lado de fronteras finalmente sin cerrojo. Después de ir y venir durante años de entrenamiento autoritario, nosotros, por fin, aprendimos a calcar bien y rápido. Llenos de ilusiones, nos dedicamos desaprensivamente a copiar la versión copiada de "Occidente" que calcaban los de arriba. Como anticiparon Los Prisioneros, estos solo consiguieron ser reconocidos como "occidentales de segunda"– un "producto no auténtico", digno de ser transado en veredas. Y se apresuraron por extender un desprecio duplicado a quienes los copiaban a ellos.

Auto desvalorizándonos, pero ilusionadas en llegar a ser iguales al Modelo copiado, no conseguirlo constituye una frustración devastadora. No poder ser lo admirado a pesar del esfuerzo puesto en calcar, es una receta segura para la ira. Una rabia que se acumula y se cuece con lentitud en silencio, dirigida en primer lugar en contra de nosotras mismas. Sospechar que como personas individuales no estamos a la altura del Modelo admirado, tarde o temprano, explota colectivamente en un enojo compartido sorpresivo. Hemos visto cómo ocurre en todo el mundo que se embarcó en la misma copia, treinta años atrás.

(Sugiero leer "La Luz Que Se Apaga", de Ivan Krastev y Stephen Holmes)

LOS 12 JUEGOS

(Enero 23/2020)

Liberar mercados y abrir la economía en un mundo globalizado apostó por nuestro recursos naturales –el clima, los minerales, la radiación solar, el agua y la tierra–; no por los seres humanos, por quienes somos. Lo valioso de Chile para el mundo no era su gente, era su naturaleza.

Trabajos manuales simples, mecánicos y repetitivos –recolectar frutas y podar árboles, lanzar alimento a salmones enjaulados, clasificar frutas por colores–, a veces potenciados por grandes inversiones de capital, como en la minería y la industria forestal –manejando máquinas automotoras, transportando en operaciones logísticas... La rentabilidad del capital y la renta de la tierra interesan más que la destreza del trabajo. Lo mismo en los servicios– el comercio, las finanzas y los bancos, y muchos servicios profesionales –en los que impera un *know how* estándar, repetitivo y procedural, y están poblados por técnicos superiores expertos en aplicar metodologías que los encierran en "pegas" cada vez más inestables. Los procesos tecnológicos y los arreglos institucionales monetario– financieros interesan más que la destreza del trabajo.

Algunos, aquí y allá, producen valor en serio.

Como parte de un álbum de 1986, en el conmovedor Baile De Los Que Sobran, Los Prisioneros develan cómo los 12 años de educación básica y media no son más que juegos –el sistema "juega a educarnos"– sin consecuencia. Los educados terminan sobrando... quienes creyeron que esforzarse por estudiar era el camino al futuro. La ruta al futuro es un secreto bien guardador de algunos..., no necesariamente los que jugaron los 12 juegos. Hoy podemos decir que los juegos que producen sobrantes han terminado por ser 18 y más.

Chile, el sudaca del milagro, terminó reconocido por sus masivas explotaciones mineras y hermosos bosques, huertos, viñas y salmones bien cultivados, y por la particularidad de su paisaje. ¿Los seres humanos que lo pueblan? No muy cultivados, la verdad. Es que, como se percataron Los Prisioneros, en gran parte, sobran.

¿Y AHORA, QUIÉN PODRÁ AYUDARNOS?

(Enero 30, 2020)

Decía el inolvidable Chapulín Colorado cuando las papas quemaban.

Pusimos todas las fichas en una democracia de mercado.

La clase empresarial –con ella, más o menos la derecha–, contando con mercados libres, invirtió en lo que invirtió y llevó al sistema económico en la dirección que le pareció rentable a cada uno de sus miembros.

Los trabajadores y la clases medias –con ellas, más o menos la izquierda– se atrincheraron en la democracia para agenciar sus afanes distributivos.

Y así estamos hasta hoy día.

Emerge la sospecha de que hay algo seriamente insuficiente. Algo de fondo, que comparten izquierda y derecha: el sistema democrático de mercado. Con este, ni crecemos ni distribuimos hace años. Los empresarios invierten en lo que es más rentable para ellos, sin preocuparse por el país –¿podrían ser criticados por la falta de preocupación por la Nación como una unidad superior a sus empresas?– y la izquierda se concentra en distribuir lo que aquellos producen, sin preocuparse por aquello que se produce –¿habría que criticar su abandono de valiosas ideas históricas de la izquierda acerca de la importancia de fondo de la economía? Hay algo encerrado en un círculo, aquí. En un orden de mercado, lo que hay para distribuir depende de la naturaleza de la producción. Esta sigue a inversiones que ven en la explotación de recursos naturales lo más rentable. Mucho capital y salarios bajos generan un sistema distributivo desigual, por definición.

Después de la segunda guerra del siglo pasado, enfrentamos una situación similar. Agotado el sistema basado en la exportación de salitre, el capital privado no sabía adónde ir. Entra el Estado manejado por una clase profesional y técnica preocupada de la Nación, que le abre una nueva posibilidad histórica a Chile: la industrialización, la integración latinoamericana. Hasta hace poco estaba de moda evaluar negativamente esa visión y ese empuje que duró hasta los años setenta. Pero ahí está la Endesa, privatizada con otro nombre, así como Celulosa Arauco y Celulosa Constitución (¿el mayor grupo empresarial de Chile hoy?), la CAP y la ENAP, el Banco Estado, entre otras empresas, vivitas y coleando, entre ellas algunas de la gran minería nacional. Todas le han prestado una gran servicio a Chile. Nuestros profesionales, técnicos y trabajadores especializados bien pagados se formaron en ellas.

La clave no fue tanto el Estado, como la emergencia de una clase –empresarial, profesional– y sus expresiones políticas, que osó hacerse cargo del futuro del país, inventando una dirección para llevarlo como Nación.

Y ahora que Chile va al garete de inversiones privadas y afanes distributivos de parche, ¿quién podrá ayudarnos?

MICRO MÁQUINAS DE HUMILLACIÓN

(Febrero 20, 2020)

– Buenos días, Rosita.

– Buenos días, señora.

– ¿Cómo estás, Pedro? Tiempo que no venía a campo.

– Como siempre, don Pablo.

– Tráeme un café expreso.

– Cómo no, señor.

– Enséname a usar el whatsapp.

– Cuando quiera, don Enrique.

La lógica difusa de la diferencia en el trato. La asimetría total del ser. La altura y la bajura, lo superior y lo inferior, aceptado sin autoridad ni ley. Las de abajo, las de arriba.

Sin embargo, no puede sino producir una constante humillación, un resentimiento cocido a fuego lento. Acepto rebajarme sometiéndome al tuteo manoseador de quién acepto poner por encima en el trato de usted –señor, señora, doña y don. Nadie me obliga, todo me obliga. Nadie y todo obliga a la otra parte también. No decimos nada...

En los minúsculos espacios cotidianos del mundo liberal legalmente igualitario, la diferencia total. La contradicción con lo que nos predican y explican sobre la igualdad ante la ley y en los mercados. Dos seres humanos diferentes pueblan este universo. Ambas lo saben, lo presuponen y lo aceptan. Dos igualdades basadas en dos desigualdades y dos desigualdades fundadas en dos igualdades. No son caprichosas, no corresponden a preferencias o decisiones individuales, todos las entendemos: son sociales. Sabemos de qué se tratan, aunque no quepan en modelos formales y legales.

¿La diferencia entre trabajador y capitalista? En parte, sí; pero no solamente, ni siempre eso. ¿Entre el trabajador manual y el intelectual? (¿El encargado de un campo trabaja con las manos? ¿El profesor de computación? ¿El contador, el ejecutivo medio?) ¿Restos pegajosos de la desaparecida sociedad de señores y siervos? ¿Emergencias de una estratigrafía de mestizajes diversos? Diferencias tan complicadas de conceptualizar, como son tajantes y simples para orientar. UBICATEX, la palabra que todo lo resume sin explicitar nada.

Grafican a la perfección la diferencia entre copiar modelos formales y hacernos cargo de navegar en una situación histórica concreta – con herencias...

Lo que podemos imaginar es que, si la propaganda ideológica del éxito económico y social del liberalismo como igualador y emancipador se hace muy vacía, la rabia acumulada día a día durante años estará lista para explotar.

EMPRENDER VS ENGULLIR SANDÍAS CALADAS

(Marzo 5, 2020)

Con una que otra excepción singular, los empresarios reunidos en el Encuentro Nacional De La Empresa advirtieron de la gravedad que representa la incertidumbre que enfrentan, derivada de las posibilidades abiertas en la discusión constitucional. Al parecer, se sienten en la obligación de hacernos conscientes de la imposibilidad de tomar decisiones económicas relevantes en un ambiente así.

Oyéndolos, me sentí avergonzado de mi ingenuidad. Suponía que la incertidumbre era una característica del mundo global –cuando menos eso dicen los libros caros que leo. Que ella ocurre por el constante emerger de contingencias– eventos impredecibles –que producen disrupciones muy veloces de las situaciones políticas, las tecnologías, las habilidades y disciplinas profesionales, las industrias y estrategias de negocios dominantes. No hay certezas duraderas, nada se mantiene constante. Que es una característica de la época histórica en la que nos tocó vivir, pensaba.

Me abochorna enterarme de mi liviandad. Cuando menos en Chile, hasta fines del año pasado, se había inventado un mundo sin incertidumbre, un huerto de sandías caladas, un oasis estable y predecible. Raro, excepcional, no podía durar eternamente... Y, bueno, finalmente se acabó.

Imaginaba que quienes temen a la incertidumbre son las personas que poseen habilidades e identidades fijas que pueden quedar obsoletas en cualquier momento, a las que un mínimo de decencia obliga a procurar proteger de las posibles consecuencias negativas de la inestabilidad. Quienes trabajan por hora, quienes carecen de flexibilidad para rehacer lo que ofrecen en los mercados. Los viejos, los educados en la rigidez, los poco educados, los que se quedan pegados en mundos locales... Es la base de la idea de red de protección social.

Pero la protección contra la incertidumbre la exigen ahora los empresarios. Es necesario que se estabilice el mundo, advierten, dirigiéndose al parecer a la "clase política". ¿Qué necesitan? ¿Planes que fijen el futuro, que lo calculen y lo calen? ¿Qué piden? ¿Qué les aseguren estabilidad para calcucalar?

Suponía yo –ingenuo de nuevo– que la principal justificación social del rol empresarial y la práctica de emprender es precisamente en tanto que navegantes hacia un futuro incierto; no principalmente como administradores eficientes de lo que está ahí, disponible, calado y cierto. Como navegantes de la incertidumbre juegan los empresarios un rol histórico progresivo, creando nuevas posibilidades históricas para todos. Desde Magallanes hasta Jobs y Musk, pasando por Pasteur, Edison y Ford. Si lo hacen, pueden ganar fortunas, si no, pierden lo suyo. Viven en la incertidumbre. Parten de la base de que, en ausencia de incerteza, o procurando eliminarla, no hay posibilidad de crear algo nuevo, la historia se queda pegada en el pasado.

Bueno, cuando menos en el papel. Al final, no sé si el ingenuo soy yo, o el lloriqueo por la incertidumbre de nuestros empresarios locales constituye un serio error de interpretación de ellos sobre quiénes son.

CEGUERA

(Marzo 19,2020)

Nos sorprendieron los eventos iniciados en octubre de 2019. Teníamos una ceguera. A diferencia del ciego, alerta porque sabe que no ve, nosotros estábamos ciegos de nuestra ceguera. Creíamos verlo todo. Nada nos inquietaba, hasta que emergió lo que emergió desde una cerrada oscuridad. Una ingenuidad para corregir: tenemos cegueras, y no hay que seguir pensando como antes, suponer que ahora sí, sabido lo que emergió, ya no tenemos cegueras de qué preocuparnos.

Me pregunto qué nos impidió ver lo que era fundamental que observáramos. Un estado anímico complaciente, que nos tranquilizó con miradas demasiado locales –a Latinoamérica– , o contrastantes con nuestro propio pasado, está, seguro, en la raíz de la ceguera. Ocurrían eventos cargando anuncios en el amplio mundo. Reclamos desesperados por la crisis del 2011, después masivas manifestaciones contra la globalización, reacciones violentas ante la fragmentación social de las ciudades, y de zonas y regiones enteras "dejadas atrás" por los avances tecnológicos y los intercambios globales. Ominosos cambios políticos en países de Europa del Este, que pudimos imaginar experimentaban con una mezcla de democracia y neoliberalismo, al igual que nosotros a parir de pasados socialistas. Nada nos alertó... Estábamos por encima.

Una narrativa matriz democrática neoliberal nos cogió a todos, cegándonos: derecha, tercera vía concertacionista, empresarios, capas medias exitosas... El discurso económico neoclásico, con su consigna de mercados en todas partes, se convirtió en la ciencia madre de todas las conversaciones oficiales en la academia, el servicio público, los medios de comunicación, los directorios y agrupaciones empresariales. Lo que este discurso no está diseñado para ver, simplemente dejó de existir, como la desigualdad, la concentración del capital, el trabajo precario... La estabilidad macroeconómica y el crecimiento se instalaron como los nuevos dioses. ¿Hay que regular aquí y allá, hacer justes, redistribuir? Para eso está la democracia, las leyes, las reglas. No había de qué preocuparse.

Pero entre las relaciones mediadas por la ley y las transaccionales está la vida propiamente social: la convivencia cotidiana, la familia, la amistad, las asociaciones libres, la religión, la localidad, la Nación. ¡Una gran zona ciega! Es terrible la destrucción que el orden burocrático mercantil provoca en este universo. ¡Tierra arrasada! La solidaridad y la pertenencia sustituidas por relaciones instrumentales burocráticas. Y donde el nosotros desaparece tragado por las transacciones y las leyes, nadie sabe bien quien es, salvo un rol en algún engranaje. La vida se vuelve ingrata, pierde sentido. La existencia parece debernos algo. Vivir da rabia.

Así como el socialismo conduce, por "exceso", al estalinismo, y el nacionalismo al nazismo, el liberalismo lleva, por "exceso", al anarquismo, el nihilismo de la convivencia social, la anomia del subjetivismo. Ocurría –ocurre–, y estábamos ciegas, encerradas contentas entre la macroeconomía y las leyes.

DEL CORONAVIRUS

(Abril 9, 2020)

El virus nos refregó los ojos –cuando menos los míos– con dos verdades obvias que creo que tomamos poco en cuenta.

Una, somos seres biológicamente frágiles. Intrínsecamente. Un torbellino de moléculas amarrado por alambritos. Y también los mundos sociales que creamos son muy fáciles de desarticular. Dos, somos seres dependientes. Mutuamente. Esta es para mí la lección mayor.

Nuestra libertad individual existe gracias a que dependemos unas de otras. La libertad no es algo que perdemos al hacernos dependientes, la hacemos posible. Los economistas clásicos llamaban a esta dependencia recíproca "división del trabajo". Tenemos la libertad de comer pan gracias al panadero (el que existe como tal gracias a nuestro demandar pan), a la persona que atiende la panadería, a quienes suministran de gas necesario para hacerlo en tostaditas, y para untarlas, a quienes trabajan en la lechería y producen mantequilla, a quienes la transportan a la ciudad en camiones enfriados, a quienes..., a quienes sacan la bolsa usada del pan de nuestro hogares, como basura.

Somos libres de hacer lo que queremos porque somos dependientes de otras personas. Lo éramos en sociedades tan primitivas como podemos imaginar. Supongo que incluso nuestros ancestros debieron ser animales de piño o bandas; de alguna clase de agrupación. El lenguaje, seguramente, fue un invento social. No ocurrió en individuos que inventaron cada uno el suyo y después acordaron uniformarlo... Somos libres hablando porque dependemos de que otras personas nos respondan en la misma lengua... Hoy, con la división del trabajo entorpecida por los confinamientos, experimento en carne propia las libertades perdidas.

Supongo que es fácil olvidar verdades elementales como esta en el mundo tan contractualista en que vivimos. Dar por sentada la libertad personal conseguida en las redes de dependencia mutua, y suponer que esa individualidad libre es nuestro modo de ser primordial, e ideal. Suponer que las redes de dependencia mutua son un mal necesario, una obligatoria reducción de libertad intercambiada contractualmente por orden. Resulta en el mito que lo social está constituido por individuos racionalistas que interactúan entre sí cuidando sus conveniencias personales, las que tienen muy claras. Es una ilusión que ejerce una atracción fatal en personas que se sienten exitosas sin haber necesitado a nadie, por exclusivos méritos propios.

Personalmente, me sirve recordar la familia que tuve, las escuelas e institutos que me dieron la educación recibida, los sistemas médicos que me cuidaron y repararon, la nación en la que nací, con el estado y su seguridad, y las facilidades que tuve y tengo para comprar y vender, la lengua y las tradiciones que me formaron, que hablo y que me regalaron su sensibilidad. Estaban antes de nosotras. Nos hicimos libres, con capacidad de responder por nuestras acciones, a medida que nos sumíamos en esas redes de dependencia.

La pandemia con sus interrupciones las hacen visibles. Me permiten observar lo artificioso que es el mito individualista. Antes de tú y yo, hay un nosotras heredado. Que (ya) convivimos antes de hacer transacciones y obedecer la ley. Que estamos relacionadas, emocionadas y prejuiciadas; ya moldeadas. Todo lo que somos, podemos ser e imaginar proviene de ahí. Nos permite todo, nos obliga a todo. Genera lo visible, esconde las cegueras.

Pude importar tenerlo presente hoy, cuando hablamos de rehacer por completo el contrato social entre las chilenas para reinventar Chile.

SILENCIO

(Abril 16, 2020)

De pronto escuché el silencio del mundo. Caído en un mutismo difícil de oír, no había percibido su mudez. Quizá permitió que lo hiciera el ánimo reflexivo que me trajo la pandemia, o el simple silencio de las calles de Santiago. Un mundo en el cual las personas no dejan de hablar, pero nadie dice nada.

Hablamos para coordinar agendas y actividades, hacer y ejecutar planes, mejorar, regular, hacer eficiente, optimizar, valorizar... Hablamos para manejarnos en el mundo presente y administrarlo. A veces inventamos un producto nuevo que compite mejor, con todas las conversaciones que eso conlleva. Hablamos para enamorarnos, entretenernos, casarnos y formar a nuestros hijos e hijas. Sobre todo, hablamos en una chachara incesante que lo evalúa todo, se escandaliza con facilidad, y lo deja todo igual.

Pero el mundo no cambia, nadie lo inventa ni reinventa. No hay voces que declaren para dónde vamos, que ofrezcan un significado, un sentido, una orientación. Silencio. Envueltos en el mutismo administramos nuestras vidas como podemos, sin saber bien qué hacemos vivos. Antes había voces que anunciaban orientaciones y propósitos, declaraban posibilidades valiosas.

El dios cristiano fue una que oímos de cerca. Habló durante siglos. Todos prestaban atención. Le dio sentido al mundo y significado a la vida humana. Hoy pocos lo traen a colación en conversaciones públicas. Perdió toda fuerza argumental; en realidad, derecho a hablar. En privado, en grupos cerrados, puede ser...

El iluminismo, el individuo libre, el progreso, la ciencia y la razón reemplazaron a esa voz en la historia. En el fondo era la misma – la misma moral, la misma esperanza en un futuro de salvación, cuando menos siempre mejor, el mismo mesianismo, la misma creencia en la verdad –, reconvertida en humana y terrena. La seguridad en el progreso fue su promesa fundamental, la fuente del sentido y la orientación que trajo al mundo. Todos éramos parte de una humanidad que progresaba. Es una voz que, como la anterior, perdió su fuera significadora. No todo progresa con el progreso y lo que progresa no resulta ser tan importante, después de todo. Hoy día no nos llena de sentido la promesa del conocimiento, la libertad y las oportunidades creadas por el avance del conocimiento científico.

La sociedad sin clases que haría realidad la libertad, la igualdad, la justicia y la democracia, fue declarada por la voz del movimiento de trabajadores y proletarios del mundo capitalista. Creó sentido, dio significados a generaciones, orientó nuestra existencia histórica. Al igual que las otras, una voz desaparecida. Hasta hace poco encarnada en las voces de multitudes activas, hoy sustituidas por multitudes agresivas silentes.

(Leí una gran entrevista reciente a Alain Touraine en el País de España en la que habla del silencio. No le habría prestado atención sin estar previamente sintonizado con la mudez.)

PANDEMIA

(Abril 23, 2020)

Palabras de diccionarios ya existentes burbujean en nuestra lengua para nombrar fenómenos nuevos. Pensamos mirando hacia atrás. Pandemia (pan = todo; demos = pueblo) es una. Sugiere nada más que lo que nombra es universal, se refiere a todos y todas. Algo, pero poco, para nombrar lo que ocurre. COVID 19 es peor, y Coronavirus aún más desorientador.

Nombrar es la mitad de pensar, por lo menos. ¿Qué nombre tiene lo que ocurre, entonces?

Tiene algo devastador de una guerra, pero no es una guerra. No hay enemigos. El virus –una partícula antes que una micro bio– no pretende nada, ni siquiera hace nada, simplemente deviene. E incluso en las peores guerras las familias pueden reunirse, las tiendas reciben clientes, los niños van a la escuela...

Tampoco es una crisis política revolucionaria. El poder no está en cuestión, no hay divisiones, las familias se mantienen unidas, aunque distantes, no hay nuevas autoridades declarando leyes radicalmente nuevas. Por el contrario, hay un esfuerzo por usar todos los poderes del estado para enfrentar los eventos. Todos quieren que el estado y el orden se fortalezcan.

Y no es una crisis económica, como una recesión por falta de demanda agregada, por ejemplo, aunque puede producirse una reducción de la producción y el empleo como resultado.

¿Qué palabras usar? Se me ocurre que disrupción podría ser una - interrupción, perturbación. Se interrumpen las relaciones sociales, y con ellas las relaciones económicas de producción, logística e intercambio. Se habla de distanciamiento social. No es la mejor interpretación. En la peste negra europea los vectores fueron las ratas y las pulgas, hoy somos nosotras mismas, como organismos biológicos. Se distancian las relaciones e interacciones sociales basadas en la cercanía corporal. Se perturban las relaciones de cuerpo presente. Sin una vacuna eficaz, las nuevas normas de distanciamiento corporal están para quedarse. El virus del SIDA puede servir de ejemplo. En ausencia de vacuna instaló una sutil distancia genital completamente inesperada entre los cuerpos (y universalizó el uso de jeringas desechables), a la que nos hemos acostumbrado. Lo que no ha significado que las relaciones sociales de sexo y amor sexual se hayan reducido en número... Aunque una pareja se haya convertida en riesgo mortal, algo ha debido cambiar. Nuevos miedos, quizás, confianzas más exigentes. Reservas contenidas. Quien sabe. Así como las ratas y las pulgas adquirieron fama de repulsivas con las grandes pestes europeas, quizás el cuerpo ajeno adquiera ahora una nueva significación.

¿Qué relaciones se inhibirán –interrumpirán, perturbarán– más con la separación de los cuerpos? Me cuesta imaginarlo. Probablemente las relaciones de producción sufrirán menos que las de transporte de personas –es cosa de diseñar lugares de trabajo con espacios más amplios. El comercio al por menor y la educación requerirán grandes innovaciones y ajustes. En general, quizá la vida social diaria en la familia, la amistad, el barrio, el condominio, sufrirán mucho con el distanciamiento de los cuerpos. Difícil saber qué nuevas demandas surgirán para la vida ciudadana, la política...

Anticipo que vendrá una ola de invención de nuevas maneras de convivir.

SERENIDAD

(Abril 30, 2020)

El mundo exhibe, rebosante, su carácter contingente. El más porfiado de los planificadores y controladores debe estar percatándose de la futilidad de predecir, calcular riesgos y atinarle al futuro con estadísticas. Un amigo habla del presente como una cascada de contingencias. Para quienes como yo creíamos que la historia tiene leyes, la contingencia del mundo es una constatación que cuestionó en su momento el sentido de la existencia, no solamente las competencias para menearse aquí y allá con lo que viene.

La modernidad con su educación tecnológica nos enseña la acción inteligente. Hay que adquirir conocimientos recopilando información, y sobre esa base calcular modelos predictivos para controlar el futuro mediante planes ejecutados competentemente. El mundo es un conjunto de datos de hechos pasados y predicciones. El nombre del juego es construir el futuro, convertir las predicciones en realidad. Un ánimo de certidumbre –predispuesto al fanatismo– preside la vida personal, familiar, organizacional, nacional, social y política. Cuando las cosas no salen bien, el talante revierte a la culpa, el afán castigador y la purga. Iluminados y arrogantes, estamos llamados a ser los dueños del mundo. (Masculino, por supuesto).

No funciona en la actualidad, ni lo hizo nunca. Pero hoy es más evidente. El mundo actual es, bueno, una cascada de contingencias. Impredecibles, estas salen de la nada. No hay datos pasados que permitan avizorarlas en el presente. El futuro no se puede controlar, la vida no se puede planificar, hay que navegarla en la cascada. Ese torbellino inapelable es el espacio para hacer de la vida algo valioso y significativo. Su sentido no queda más allá de la navegación en el presente, en la posible quimera obsesiva de un luminoso puerto de llegada. El ánimo controlador que funda el sentido en el valor de las metas que fija, y su confianza en acumular información y calcular, constantemente defraudado, revierte en un nihilismo y una ansiedad que no podemos enfrentar recurriendo a más información y mejores cálculos.

Navegar se ejercita en la serenidad. Navegamos porque estamos situados en un lugar y un tiempo, y no podemos saber más allá. Y porque somos finitos nuestro poder no es ilimitado y no podemos hacerlo todo. Aceptamos esto como parte de la vida. Desplegamos activamente todas nuestras habilidades en la navegación y aceptamos lo que venga, adonde la navegación nos lleve, lo que sea que emerja. Que incluye lo que surja en nosotras mismas y nos transforme. Soltar planes y propósitos, desapegarse de metas, objetivos y rigideces personales, y comprometerse sin reservas con la navegación, esa es la serenidad. Activa. No necesariamente contemplativa.

Consiste en cambiar activamente lo que puedo cambiar, y aceptar lo que no puedo cambiar. Saber distinguir entre ambos, dicen que es la sabiduría.

(Evoco el poema Itaca de Kavafis. Más sensibilidad poética y menos destrezas ingenieriles es quizá una lección a tener presente para aprender a navegar con serenidad).

MISTERIO

(Mayo 7, 2020)

Se me ocurre que en "Occidente" el significado del mundo y la existencia ha tenido siempre la claridad de una verdad. Dios era la luz y la verdad. Con esa certidumbre creó el mundo. El Iluminismo –pura luz– insistió en la verdad del mundo –léase leyes naturales, de la psiquis, de la moral, de la sociedad, de la historia–, sin necesidad de la existencia de un dios creador. El conocimiento de ellas permitiría actuar adecuadamente y conseguir progreso y felicidad. Conocer le da sentido a nuestra existencia. Esta es la lógica implícita, a veces explicitada, de toda la educación que recibí en el colegio y la universidad.

Hoy día la verdad ha perdido el peso rotundo de la claridad que tuvo durante dos mil años. En lo chico y en lo grande, lo próximo y distante. La respuesta final del *big bang* desata preguntas sin respuestas. La pregunta del porqué del coronavirus solo tiene como respuesta final el silencio, una nueva pregunta sin respuesta. La explicación del amor desaparecido solo puede ser, finalmente, el silencio, la oscuridad. Ya no nos hacen sentido las respuestas finales, las razones fundadas en sí mismas, verdades que ponen punto final a todas las conversaciones.

Me resulta evidente la incertidumbre que hay detrás de todo. No existen los mecanismos de relojería estables que se suponía componían el mundo. Ni siquiera el sistema planetario, el paradigma de los paradigmas. Los fenómenos tienen fecha, derivan, tienen historia. Y la historia emerge desde la contingencia. El conocimiento, la acumulación de información, no permiten predecir su curso. Aunque ex post facto podamos ensayar explicaciones, en su deriva la historia emerge porque lo hace. No hay verdades que nos permitan controlarla. Y nuestras acciones siempre tienen resultados inesperados, consecuencias imprevistas. Nuestras mejores intenciones, basadas en las verdades más indudables, a menudo producen desastres. Nuestros planes más esforzados fracasan. Pienso que el Siglo XX en su conjunto nos refriega en la cara el carácter trágico de la vida.

Nunca entendemos bien lo que hacemos, aun cuando creemos saberlo. En lo próximo y lejano el mundo está envuelto en el misterio. No en la ignorancia trivial que algún día podrá ser superada, sino porque flota en preguntas sin respuestas firmes. En oscuridad y silencio. El optimismo de que todo se sabrá algún día, porque en el fondo hay claridad, ha demostrado ser una esperanza infantil peligrosa.

¿Cuál podría ser la manera adecuada de estar en este mundo? De un lado, abiertas en forma activa al misterio del sentido oculto de la ausencia de certidumbre. Resueltas, sin queja ni cinismo, a inventar una orientación sin verdades claras, como estábamos acostumbradas y puede parecernos indispensable. En el ánimo incierto y asombrado de no saber. Dejando históricamente atrás el autoritarismo de poseer la verdad, el activismo tecnológico ingenieril con su optimismo superficial de convertirlo todo en problemas a resolver y optimizar, o la división tajante entre amigos y enemigos basada en verdades tan luminosas como exigentes. ¿Qué tal un poco de prudencia, una buena pizca de miramiento, algo más de delicadeza? ¿Qué tal si las abandonadas por la verdad nos escuchamos? A ver si tomamos responsabilidad plena, sin escudarnos tras verdades y mandamientos.

Pienso que podemos aceptar la oscuridad de fondo de la existencia, e igual –por lo mismo– hacernos cargo plenamente de convivir con las demás. ¿Qué tal si cultivamos esta serenidad activa para inventar una existencia decente en el mundo silencioso que nos tocó?

EL SENTIDO DE LA SITUACIÓN

(Mayo 21, 2020)

Olfateo que el sentido de la situación del tiempo de pandemia está cambiando a gran velocidad. Un ánimo predominante de ansiedad e irritación cambia a uno de pesadumbre y miedo.

Pasamos dos meses bajo la comprensión de que había una crisis de salud pública combinada con una macroeconómica y financiera. El propósito de enfrentar ambas a la vez motivó la estrategia de clausuras parciales de ciudades, comunas y barrios. Durante largos sesenta días pareció funcionar: los contagios se mantuvieron más o menos constantes en números considerados razonables, el costo financiero y macroeconómico era tenido por manejable. Y el sufrimiento cotidiano de la población pareció soportable.

Creo que eso se acabó. La clausura estricta de toda la ciudad de Santiago y la exponencial de la pandemia que nos arrastra sugieren que el sentido de la situación cambia en forma radical. Quince días de cuarentena total, cuando menos, producirán un sufrimiento difícilmente soportable a gran parte de la población –hoy "temporalmente" sin fuente de ingresos–, agravado por la incertidumbre de no saber cuántos días serán finalmente. En especial al tercio de la "fuerza de trabajo" que gana al día: micro comerciantes callejeras y de ferias, proveedores de servicios menores así como empleadas de microempresas y contratistas menores. Su situación se hará desesperante. Imagino que pocas personas dudan que el responsable de evitar esa situación desesperante es el estado. Para eso está, ese es su fundamento esencial: asegurar a los ciudadanos un horizonte de seguridad y estabilidad mínima para que podamos llevar adelante nuestras vidas.

De ser así, si el estado falla en esta misión, la situación cambiará de significado. La crisis macroeconómica y de salud pública puede convertirse en una crisis política radical. El orden legal perderá legitimidad si no puede asegurar una mínima estabilidad de las condiciones materiales básicas de vida. Sin contar con esa garantía, movidos por el desespero, muchos ciudadanos no podrán obedecerlo. Otras no tendrán razón para hacerlo. El deber medular del gobierno y de todos los agentes políticos es cuidar a los ciudadanos y proteger el estado. Supongo que eso debe subordinar todo lo demás.

Sin sobrepasar los escrupulosos estándares macroeconómicos y financieros que le preocupan desde mucho antes de la pandemia, estoy seguro de que el gobierno no tiene cómo proveer un horizonte de estabilidad mínima a toda la población que carece de reservas para enfrentar el shock disruptivo presente. Puede y debe dejarlos atrás. Veo que comienzan a tomar ese camino muchos países "serios". Me dicen amigos economistas que tiene espacio de sobra para hacerlo.

Que nos hagamos cargo del futuro en el futuro. En el intertanto, asegurémonos de atravesar el presente para poder llegar a él. Imagino que es lo que todos hacemos personalmente ante crisis de subsistencia extremas que no podemos controlar.

INFORMARSE, CALCULAR, PREDECIR Y CONTROLAR

(Junio 4, 2020)

Es lo que hace el experto. (Por lo general, masculino).

Su afán de fondo es controlar. Hoy, la expansión y el costo de la pandemia Covid 19. Posee modelos epidemiológicos y macroeconómicos con los que calcula predicciones. Para hacerlas, debe alimentarlos con información - datos.

Cuando se cree que se busca información, que con ella se calcula, que con esos cálculos se predice, y que con esas predicciones se controla, todo suena tan "objetivo", tan racional e indiscutible... Pero la práctica va en la dirección opuesta: el afán de control, con sus estándares de lo que se considera una situación normal, define los modelos que se usarán para predecir, cuyas exigencias de datos predefinen la mirada de lo que ocurre y especifican la información.

Hay expertos y expertos. Están los que creen que su metodología es objetiva y racional –la única capaz de observar el fenómeno de la pandemia y sus conexiones económicas, tal cuales son. Y que la única alternativa es el prejuicio y la subjetividad. Son extremadamente peligrosos. No observan su predisposición a observar ciertos datos como relevantes, no otros, a encerrasen en moldeos calculativos, a colgarlo todo de su evaluación de lo que es normal y anormal en el mundo. No ven ni sienten sus prejuicios y predisposiciones.

Y no sospechan que sean ciegos e insensibles a ellos. (En el extremo, no cree tener prejuicio alguno sobre nada –pura objetividad y razón. Es terminante, habla golpeado).

Y están los que saben que sus métodos son frágiles, tentativos, nunca definitivos, siempre bajo prueba. Achuntes de los que toman responsabilidad a partir de prejuicios y predisposiciones implícitos.

¿Qué ocurre cuando el control falla, como lo hace normalmente? El primer experto culpa a la falta de información –"yo no sabía". O a alguien que no se comportó como dicen sus modelos que debió hacerlo, seguramente por irracionalidad o mala intención– "nunca imaginé que no se respetaría hasta tal punto la cuarentena". O quizá alguien se equivocó con los cálculos. O bien los criterios de control y normalidad de la gente son equivocados. Nunca se acusa a sí mismo de falta de perspicacia. Esa mezcla de comprensión y sensibilidad, interpretación y afecto, que mantiene despierta la atención al carácter indefinido, contingente e inesperado de la situación. No. Este experto no asume responsabilidad, se escuda en su metodología y en errores de aplicación de ella. Vuelve a la carga con lo mismo, parchado.

Es incapaz de presentir el paquete de presuposiciones, prejuicios y predisposiciones afectivas que lo poseen, desde las cuáles caracteriza y modela la situación como lo hace. No tiene conciencia de esa jaula, como sí la puede tener el otro experto, y no podrá salir de ella. Por lo mismo, no podrá tomará responsabilidad por ella –es decir, tomar responsabilidad real.

La pandemia es un evento con historia. Produce un tiempo interno, una deriva temporal propia, al hacer emerger en forma contingente nuevos y nuevos factores relevantes que la hacen evolucionar. Predecirla con el tiempo externo y abstracto del calendario es inútil y peligroso. Navegarla, sometiéndose a ser transformado por ella, sí. Predecirla para controlarla, no.

JUGANDO CON FUEGO: CALCULANDO COSTOS

(Junio 11, 2020)

Si decide a frenar la pandemia cueste lo que cueste en términos económicos, el estado puede conseguirlo.

Prometer ahora mismo un horizonte de estabilidad y certidumbre de ingresos garantizados para quienes carecen de ahorros y viven al día, mientras dure la crisis, es la única posibilidad de que la orden de cuarentena pueda ser obedecida. Las personas se ven forzadas a salir de sus viviendas, en proporción inversa a su patrimonio –o a la seguridad de sus trabajos digitalizados–, en busca de ingresos para seguir tirando.

Se podría tomar conciencia de esto, antes de exigirla o implorarla a "las personas". Desvalorizar la inteligencia media, yerra más que insulta. ¿Cuesta tanto imaginar que la gente está forzada a moverse en el riesgoso filo de la navaja de salir y contagiarse o no hacerlo y pasar hambre?

La opción: ver impasiblemente cómo la autoridad del estado se derrumba, con una cuarentena que es letra muerta y la exponencial de contagio y muerte sigue su ominosa marcha ascendente. El dolor familiar, el sufrimiento económico y el miedo a lo que vendrá mañana, crean una situación difícil de soportar. ¿Es necesario insistir en que es una situación de vida o muerte? El estado debe intervenir con resolución, como si se tratara de un terremoto. Para eso está. Es lo mínimo.

Cueste lo que cueste quiere decir exactamente eso. Lo dijo la Merkel, lo dijeron los europeos, lo han hecho los australianos. Hay recursos, el estado tiene capacidad de endeudarse, siempre existe la posibilidad de pedir prestado al Banco Central. Lo sostienen los economistas más prestigiados. ¿Y cómo pagaremos después?, se preguntan algunas autoridades, alarmadas, ¡Puede desatarse la inflación, después! –acusan– volver a lo de antes... Bueno, después es después, primero hay que cruzar el presente y llegara a después. Ahí se verá. Es lo que cuentan que respondió O'Higgins a quienes lo criticaban por endeudarse en Londres para financiar las batallas de la independencia después del desastre de Rancagua. Hay que ser de las chacras, debió pensar el irlandés chillanejo... Bueno, por algo el libertador fue él. Quizá exagero al poner este ejemplo, pero prefiero hacerlo. La situación actual es desesperada, está fuera de control, no amaina, el desamparo es excesivo.

Otro lado de la medalla es que, debido a la falta de ingresos las personas compran menos, la producción no encuentra salida, la economía y los empleos caen. Y suma y sigue, en un vórtice decreciente. Las deudas con casas comerciales y bancos dejan de pagarse –no hay con qué–, el sistema financiero y bancario se queda sin dinero... Ya se insinúa una crisis financiera. ¿El estado salvará a los bancos –cueste lo que cueste– antes de las personas? No puedo evitar pensar que su autoridad será seriamente cuestionada y su legitimidad sufrirá un abollón muy profundo.

Cueste lo que cueste, hay que proveer los ingresos que sean necesarios a los hogares, los que comprarán más y dinamizarán la producción y el empleo; las deudas se honrará, las finanzas resultarán protegidas. No estoy inventando la rueda. Lo hizo Keynes hace un siglo atrás.

Me queda dando botes la pregunta "¿por qué no lo hacen?" No son de las chacras. Hay motivaciones que no logro comprender bien.

ESA DIFICULTAD PARA OBSERVARNOS A NOSOTRAS MISMAS

(Junio 18, 200)

Una miopía, una ceguera o un estrabismo se hicieron evidentes el 19 de octubre, cuando un "malestar" inesperado saltó a nuestro campo visual. Una falla fundamental muy generalizada de los institutos, universidades, científicos sociales e intelectuales que orientan la conciencia media que escribe, lee y habla en el llamado espacio público.

No observamos todo lo que hay para ver. Observar es un acto prejuiciado. Presupone un modo de enfocar la atención, casilleros para llenar con datos. Como no dudo de las competencias metodológicas de nuestros profesionales de las ciencias sociales, concluyo que lo que dificulta su observación proviene de su marco de preconcepciones. Quizá el más compartido se funda en la creencia de que la existencia humana puede investigarse de la misma manera que las ciencias naturales estudian la naturaleza. Métale estadísticas, métale mediciones de lo que sea que parezca medible, compárelas con el pasado y con otras realidades para deducir de ellas la satisfacción o insatisfacción de las personas, la manera como evalúan su existencia, sus relaciones, motivaciones y emociones. Cientos de estudios de esta clase demostraron con objetividad científica que el progreso de Chile era indudable, si se comparaba con su pasado y con países similares. Tanto que entramos al cielo de la OCDE.

Sin embargo, ¿qué sentido tiene para una generación progresar con respecto a un pasado ajeno? ¿Incluso para una misma persona recordar miserias pretéritas? ¿Y a quién le importa tanto pertenecer o no a la OCDE? Un cielo ajeno para quienes no se ganan la vida con las estadísticas. ¿Ajeno?, se puede preguntar. ¡Cómo considerar ajeno lo que afecta al país y afectó a nuestros padres! Pero precisamente lo que nos hizo exitosos, el llamado "modelo", acostumbró a cada uno a considerar ajeno todo lo que no es suyo, en tanto que ego. ¿Qué sentido tiene Chile en la OECD y superar el pasado para individuos sin pertenencia ni raíces?

Imaginemos qué sabor tuvo el progreso de la existencia develado por las cifras. Después de años de acumular deudas, acceso a posibilidades económicas y de distinción fatalmente devaluadas, abiertas por títulos educacionales masificados. Futuros con poco futuro, mientras las estadísticas de educación mejoran y adormecen. No hay nada compartido que oriente la vida, le dé un propósito mayor, algo que respetar, que permita individualizarse más allá de un CV, o el tamaño del patrimonio. Un único juego que fabrica desigualdad, produciendo pocos ganadores y muchos perdedores. Una extendida sensación de injusticia. ¿Injusticia?, preguntan algunos. Es la envidia de perdedores que malgastan su oportunidad. Quizá lo que se echa de menos es vivir en un espacio social de cuidado compartido, respetado por todos. Seguro que la vida es mejor así, tiene más sentido.

Tal vez por eso el mar de banderas chilenas el 19 de octubre, cuando el nadie buscó reconocerse a sí mismo. Y encontrarse para recuperar a Chile del garete sin destino histórico al que lo condenan las decisiones privadas de inversión y el afán exclusivamente distributivo del estado. Quizá entonces compararnos con "nuestro" pasado y pertenecer "nosotros" a la OCDE nos haga sentido... mientras las estadísticas mejoran.

ECONOMÍA DE ANTES

(Junio 25, 2020)

Recordé que tengo el título de economista. De cuando bastaba con el castellano para entenderse entre profesionales y conversar con las personas interesadas. No hacía falta la alta matemática ni saberes incomunicables.

Me dieron ganas de volver a ser un economista al descubrir, gracias a los debates actuales de cuánto gastar por el Covid 19, que el estado de Chile ha acumulado más o menos treinta mil millones de dólares en las décadas recientes. Por ahí reposan ganando bajísimos intereses.

¿Cómo ocurre que, con lo pobres que somos, ahorremos tanto? Bueno, pasa porque, año a año, lo que producimos en el país y lo que importamos, no lo usamos por completo en consumir ni en invertir en Chile. O sea, en comprar alimentos, lavadoras, celulares, educación, turismo, ir al médico, pagar arriendos..., y en comprar máquinas, construcciones, árboles jóvenes y semillas para aumentar la producción mañana. El exceso se exporta a otros países y produce un excedente de dólares que el estado acumula. Vale decir, ocurre porque gastamos poco comparado con lo que producimos e importamos.

Ahora, un 80% o un 90% de la población recibe ingresos por su esfuerzo productivo que le permiten, apenas, consumir lo necesario. Ese segmento no genera ningún excedente: consume todo lo que gana. El 20% o 10% restante, en cambo, concentra ingresos muy elevados que no puede consumir por completo, aunque trate. Esta es la población que genera excedentes en dólares, acumula patrimonio –acciones, bonos, tierras, dinero cantante y sonante– y financia inversiones en maquinarias, edificios, plantaciones... Vale decir, esos 30,000,000,000 de dólares se acumularon debido a que este segmento consumió e invirtió poco, comparado con lo que se produjo y se importó.

Un poco más de ingresos para el 80% o 90%, que salgan del 20% o 10%, producirá un aumento del consumo de una población que lo necesita encarecidamente, sin reducir el de una población que no puede consumir todo lo que gana. Así, se entiende que una parte del excedente acumulado en dólares fue generada por el reducido consumo de gran parte de la población.

Y más proyectos de inversión de los segmentos que pueden emprenderlos y financiarlos, destinados a aumentar la producción futura del país, contribuiría a lo mismo: aumentar lo que se gasta en el país de lo producido e importado, reduciendo el excedente. Se ve que la otra parte de los fondos acumulados en dólares fue generada por la baja ambición para invertir en Chile. Keynes –un economista de antes– diría que por tibieza de la pasión acumuladora, tranquilidad con la situación presente, autocomplacencia. ¿De quién? De los que invierten: los empresarios y el estado.

Llego así tal vez a la raíz del asunto. La autocomplacencia generalizada con las condiciones materiales de vida de la mayoría de la población y con el dinamismo de la economía chilena, nos hizo ciegos al hecho que el excedente que acumulábamos se basaba en el subconsumo de muchos y en una infundada tranquilización con el futuro económico de Chile.

HABLANDO DE LO QUE NO SÉ

(Julio 16, 2020)

De geopolítica. Prefiero hacerme preguntas de lo que amo, que dejarme llevar por la indiferencia pretextando no saber.

Al otro lado de la pandemia seguramente nos encontraremos con Estados Unidos concentrado en China, y con China preocupada de crecer económicamente y de Estados Unidos. Europa seguirá obsesionada consigo misma y con Rusia. Rusia seguirá preocupada de Europa y obsesionada con los países de Europa del Este. Los latinoamericanos estaremos por nuestra cuenta, si se excluye a México, quizá, muy enredado económicamente con su vecino del norte.

No va a ser por poco tiempo.

Podemos pensar que ganaremos autonomía. También que nadie nos defenderá de nosotros mismos. El dueño del garrote estará distraído conteniendo al poder emergente de Asia. Y, lo más importante, hace tiempo que no somos "nosotros, los latinoamericanos". Lo fuimos. Ya no. Hemos pasado muchos años conectados al mundo global, cada uno como pudo. Hace tiempo que América Latina no es nada más que el lugar en el mapa que compartimos casualmente.

¿Nos veremos obligados a inventar un nuevo espíritu nacional, tal como el resto del mundo? ¿A tomarnos en serio el estado nacional, más que las reglas internacionales de comercio y de flujos financieros? Nos podemos ver unos a otros como socios o amenazas. Al otro lado de la pandemia estaremos agotados, con las economías rotas, el estado quebrado, ahogados en deudas. Más de alguno desesperado. Podemos hacer un frente común. Pero en situaciones así, también son posibles los autoritarismos, la xenofobia, el racismo, seudo fascismos. Morder a los perros del lado ocurre a menudo cuando escasea la comida.

Podemos iniciar una política coordinada de inmediato, dejando atrás arrogancias y sentimientos que nos hacen considerarnos excepcionales. O más vale que las chilenas nos preocupemos. Nuestro territorio es un largo tallarín difícil de cuidar. Miles de kilómetros desérticos en el norte en los que no hemos sabido hacer nada más que extraer piedras del subsuelo. Miles de kilómetros sin conexión terrestre en el sur; si no fuera por los salmones en el agua... Entre los dos, el Chile del que nos hemos hecho cargo – mil kilómetros, algo así. Angosto el tallarín: la distancia entre dos capitales regionales es por lo común mayor que la de ellas al país del lado.

El orden global en el que nos fue tan bien durante un tiempo, posiblemente terminó. No se basaba en reglas que se sostenían por sí mismas (por su racionalidad, como creían los economistas de lado y lado) , sino por el poder de Estados Unidos. La globalización era el orden americano. China salió al camino.

¿Mejor girar?

CONVENCER-ESCUCHAR

(Julio 23, 2020)

No pudimos convencerlos, dijo el ministro después de una votación adversa en el congreso.

Convencer - vencer con todo, sugiere el diccionario etimológico. Un lenguaje de enfrentamiento militar. Me asiste una idea verdadera, tengo la razón, lo evidente está de mi lado, las demás deben aceptarlo, callar y darse por vencidas. Si fallo en convencerlas –como le ocurrió al ministro–, quiere decir que triunfa la sinrazón, el error. Se imponen las equivocadas. El mundo se hace más oscuro. En el ánimo de convencer, defino de entrada una conversación como ganar o perder, una lucha entre verdad y error, declaro a las otras enemigas –cuando menos oponentes– y procuro subyugarlas.

Escuchar –inclinarse y auscultar, dice la etimología–, es otra forma de apearse con las demás personas. Parto de la base que las necesito para conseguir lo que quiero. Me propongo auscultar con cuidado sus deseos, preocupaciones e intereses, para considerarlos francamente en lo que proyecto. No defiendo una verdad, no me considero poseedor de normas superiores, de aquello que es correcto: busco el acuerdo que necesito.

Querer convencer antes que escuchar supone que hay ideas verdaderas, conceptos "objetivos", normas y reglas correctas, sean de origen divino o científico. Y que tenemos acceso a ellas. La Inquisición con vencía a menudo. Con un garrote es fácil con vencer. Un ejército poderoso también es útil para con vencer. Los expertos con vencen con facilidad cuando anuncian consecuencias atemorizantes misteriosas.

Escuchar supone que el mundo que compartimos con las demás no se basa en ideas verdaderas que sean evidentes para todas las personas. Como mínimo, que no busco imponer las mías –si las tuviera–, aunque pueda hacerlo. Inclinarse a auscultar interpreta condiciones para convivir, no para imponer modelos. Escucha la dueña del café del barrio, el que vende cerezas en China, la banda popular, la política que busca legitimar las leyes con solidez, el servidor público que se preocupa de proteger el estado democrático. Quienes no están movilizadas por ideologías –verdades en las alturas–, sino por el afán de crear una convivencia decente.

Convencer apuesta a la fuerza de mi razón. Escuchar apuesta a convivir articuladamente. Convencer desconfía de las demás –que no acepten una verdad evidente en sí misma demuestra sus intenciones inconfesables. Escuchar confía y crea confianza– ausculta como fácticas las intenciones y preocupaciones ajenas, como parte integrante de la convivencia que inventamos.

Está, por último, la razón de Sun Tzu en favor de escuchar. Declarar la guerra es muy peligroso: se puede perder. Hay que dar por hecho que el enemigo es astuto. Lo que me resulta difícil de entender es que alguien insista en dar batalla cuando una docena de sus samuráis anuncian que se pasan al bando enemigo.

Misteriosa es la mente de algunos humanos.

¿UNA NUEVA MERCANCÍA?

(Agosto 6, 2020)

Recuerdo cómo en "La Gran Trasformación" Karl Polanyi explicaba la emergencia histórica de algunas mercancías que, a pesar de no ser producidas, damos por sentadas.

El trabajo humano, por ejemplo, existía como una miríada de actividades particulares artesanales y agrícolas. Atados a sus productos, a prácticas específicas ancestrales, a determinadas herramientas, laboraban los campesinos en los señoríos feudales en ocupaciones poco comparables entre sí. En el Siglo XIX se inició la emigración masiva de esta población a las fábricas en las ciudades, como individuos libres y desprotegidos. Los procesos mecánicos recurrentes de las máquinas a vapor necesitaban la capacidad general de trabajar de los obreros para operarlas. Se requerían movimientos repetitivos procedurales uniformes, unas mismas actividades. Nació así el trabajo como abstracción homogénea. El salario por "hora" permitió la emergencia de una nueva mercancía transable en el mercado. Un proceso que culmina con F. W. Taylor y su *Scientific Management* del trabajo diseñado y controlado como movimientos y tiempos. Procesos históricos particulares convirtieron también la tierra y el dinero en mercancías, según Polanyi en su libro inolvidable.

Shoshana Zuboff, en un libro reciente, anuncia el emerger histórico de una nueva mercancía: nuestro comportamiento. ¿Cómo ocurre algo así? En dos etapas. Primera, las empresas que nos proveen de servicios digitales, nos espían. Todas, desde Google cuando buscamos; Amazon cuando compramos y a través de su asistente de voz, Facebook cada vez que posteamos o indicamos un (no) me gusta; Netflix; los mapas de apoyo a la conducción; la humilde aspiradora robot. Llevan cuenta de lo que hacemos, de nuestras trayectorias de navegación: ¿qué post vimos en Facebook justo antes de comprar tales gafas de sol en Amazon?, ¿qué emociones eran discernibles en nuestra cara cuando vimos tal serie?, ¿cuántos metros de piso de madera tiene nuestro departamento? En una segunda etapa, entra la llamada inteligencia artificial. Con la enorme cantidad de datos producidos por el espionaje individual a millones de personas, son alimentados algoritmos capaces de obtener las correlaciones que exhibe nuestra conducta, que estaban ocultas incluso para nosotras mismas. Con estas crean un "modelo" digital de nuestro comportamiento. No un modelo teórico formal, numérico o estadístico – nuestro comportamiento es demasiado complicado para eso –, sino que estructuran una red digital. Si la echan a correr en un ordenador, predice nuestra conducta. Una suerte de copia digital de nuestras redes neuronales estructuradas por nuestro comportamiento.

¿Pueden hacer predicciones de nuestra conducta? Se asegura que cada vez mejores, porque mientras leemos esto siguen espiándonos y modelándonos. Se trata obviamente de agregados estadísticos, pero con un granulometría fina –proviene de la conducta individual– que ninguna segmentación socio económica puede alcanzar. ¿Cuánto vale esta posible mercancía? Mi comportamiento de consumidor o ciudadano, homogeneizado como algoritmos que lo anticipe, junto al de millones de personas más, tiene obviamente un gran valor de mercado. (Ahora sabemos por qué las 5 mayores empresas digitales concentran el 20% del valor bursátil de las 500 mayores corporaciones norteamericanas). Es la nueva mercancía que nos presenta Zuboff. Y quien dice predicción, dice control. Con la emergencia de nuestro comportamiento como una mercancía, emerge la posibilidad cierta de convertirnos en abstracciones digitalizadas y controlarnos.

¿Será pa tanto?

SE ACABÓ, SEÑORES

(Agosto 13, 2020)

Me encuentro con un querido amigo. Va acelerado. No para de hablar, parece que llegó a una conclusión importante. Después de un saludo somero, se larga un discurso parecido al siguiente (si soy capaz de retenerlo bien):

El auge de la economía neoclásica y del neoliberalismo (el mercado articula todo lo social) fue parte de la globalización: un mundo de intercambios con un poder dominante – Estados Unidos. Se trataba de debilitar en todas partes el sentido de lo nacional y el poder de los estados nacionales para orientar las sociedades al futuro. La consigna era encajonar los estados en reglas globales, y dejar que las decisiones de inversión de los capitalistas decidieran el futuro. A muchos intelectuales y académicos formados en institutos y universidades globales les gustó.

Pero se acabó. Lo hundió el surgimiento de China (¿Cuántos, entre esos académicos e intelectuales, quieren relacionarse con China mediante reglas universales?), al mismo tiempo que se debilitó el sentido nacional, y el estado nacional, en Estados Unidos – con consecuencias políticas que están a la vista.

Una responsabilidad fundamental del estado nacional es cultivar el sentido de nación. Una comunidad que merezca el respeto de sus miembros, con un sentido de proyección histórica. Despreocuparse de eso incuba malestares y gatilla movilizaciones sociales como los de octubre pasado. Un sistema de educación estatal (no municipal) ayudaría, un sistema integrado de salud, una seguridad social pareja. Limpiar nuestras ciudades (¿hay algo más compartido que el aire respirado por todos?), acelerando al máximo una completa electro movilidad, convertir el norte en una gran generadora fotovoltaica y las zonas adecuadas del país en fuentes eólicas, transformando a corto plazo nuestra matriz energética, convertirnos en los mayores expertos mundiales en desalinización de agua de mar. Arrojarnos con todo a la historia que viene.

Requiere hacer discriminaciones, lo que la economía neoclásica considera abominable. Decidir que hay áreas de la vida que son comunes, que escapan al intercambio individual, que en ellas se debe discriminar entre lo nacional y lo global, que hay que ir en contra del carbono, que se deben apoyar ciertas áreas de desarrollo tecnológico, científico y académico por encima de otras. No se ve muy demoníaco, la verdad.

Y una discriminación más que no podemos olvidar: Chile es un país con dos naciones –chilena y mapuche. Vimos sus banderas flamear en octubre del año pasado. Ninguna otra. Durante cuatro siglos resistieron a los españoles y a los criollos chilenos. Una guerra que ocasionó la muerte de dos gobernadores generales, que mantuvo la frontera de Chile en Chillán, que solo fue aplastada casi entrando el Siglo XX. En esa zona de constante mestizaje se produjo lo mejor de lo nuestro: O'Higgins y Prat, Arrau, Neruda, Nicanor y Violeta... Y el merquén, el olor de Chile. Y Quinchamalí, la mejor plástica de Chile.

La pregunto quién hará todo esto.

Me responde que no sabe, y desaparece.

¿ESTADOS DE ÁNIMO DE LA MODERNIDAD CAPITALISTA?

(Septiembre 3, 2020)

Filósofos citables nos explican lo que saben los escolares en los recreos: la vida social es emocionalidad colectiva. Sentimos de qué se tratan las situaciones compartidas.

¿Tiene la vida social de la modernidad capitalista una emocionalidad colectiva característica? Difícil responder esta pregunta, pero invito a hacerle empeño.

La mayor parte de la población trabaja día a día en condiciones de servidumbre. A cambio de un salario, las personas dedican su tiempo a servir a los dueños de empresas, ejecutando las tareas que les son ordenadas. También en organizaciones y burocracias en las que ocurre algo similar. Y en el servicio doméstico y múltiples servicios personales y empresariales. Incluso pueden verse rasgos de lo mismo en la familia y la sala de clases, así como también subordinan a las consumidoras los monopolios y los monopsonios. Filósofos para citar en negritas nos explican lo que tienen claro todas las trabajadoras y empleadas del mundo, y muchas personas en general. Que no exista un sistema distinto mejor, no quiere decir que no se deba observar con reticencia lo que hay. Supongo que se puede esperar que tal servidumbre generalizada vaya unida a un trasfondo de ánimo oscuro. De trasfondo, quiere decir omniexistente, siempre cercano, nunca completamente extinguido, presto a encenderse. ¿Oscuro?: triste, de injusticia, humillación, iracundia, impotencia...

Conseguir que la servidumbre se interprete como un acto voluntario debe ser un medio fundamental para transformar esa emocionalidad. Para eso están los derechos esenciales de la modernidad liberal: la libertad individual (nadie puede ser obligado a nada) y la igualdad ante la ley (del "jefe" y el "subordinado"). Quizá operan en alguna medida fuera del mundo del trabajo. En éste, en el cual unos dan órdenes y otros las obedecen, se sobreentiende que son desmentidos en la práctica. Más ayuda, me imagino, el acceso al consumo, no solo la subsistencia. La subordinación puede transmutarse en una condición libremente asumida para acceder al consumo. También ayudan, seguro, procesos y formas de trabajar horizontales, colaborativas, y desafiantes.

Pero lo más importante, debido a que los estados emocionales apuntan al futuro, es la sensación de progreso, de avance hacia un futuro mejor, diferente, quizá solo para los hijos y las hijas. La llamada movilidad social. La creencia esperanzada en el progreso es una característica de la modernidad, tanto en el plano social histórico como en el micro histórico personal. El futuro atinado le da un sentido positivo al presente –las metas conseguidas, los planes cumplidos, las inversiones que rentan–, así como el futuro no cumplido se lo da como tiempo sin sentido, perdido, malgastado; expectativas frustradas. Cuando el futuro esperado no se ve mejor, la servidumbre de la vida laboral produce la sensación de sacrificio inútil y humillación sin propósito. La vida no tiene sentido. El ánimo oscuro del trasfondo puede hacerse presente con toda su fuerza.

Quizá no hay disponible una manera distinta de concebir y organizar el trabajo y el mundo organizacional moderno. Lo que no quiere decir que no haya que hacerse cargo del ánimo de trasfondo que genera. Actúa especialmente en los lugares de trabajo, silenciado apenas por las grandes ideas de igualdad y libertad, la movilidad social futura y el acceso al consumo en el presente. La peor insensibilidad, el peor descuido con él, la cometen las personas de persuasión liberal de derecha que convierten sus ideales en verdades omnipresentes. No ver más que libertad e igualdad donde impera la asimetría de ordenar y obedecer, vendría siendo una suerte de "buenismo" de derecha..., como los hay de izquierda.

UN POEMA DE ELICURA CHIHAILAF

Premio Nacional de Literatura 2020.
(Septiembre 10, 2020)

ÑI PEWMA MEW GÜMAN

Ka mapu mülepun gümaken
ñi pewma mew
rofülenew ti pu wechun wenu
ñi pu mawidantu mew
Müte alütuwlay ti rüpü
pu lamgen, pu peñi
ka witralen mülen tüfachi Ko
mew, pifiñ
Küpalelmu chi tamün Kallfü
Kawell wirafkülen wiñotuan
Kamapu küpan, welu ñi kümel
kaley ñi piwke
Eymün mew ta choyügen
Femgechi duguafiñ taiñ ayin
pu Che.

DESOLACIÓN DEL RACIONALISMMO MODERNO

(Septiembre 17, 2020)

Nuestros políticos está desprestigiados. Quizá no por ser políticos, sino porque son seres humanos. Es posible que quien perdió el prestigio sea el ser humano. Nosotras, nosotros.

Perdida la pasión, reprimida como un residuo primitivo, nos relacionamos con las demás –y nos entendemos a nosotras mismas– exclusivamente como portadoras de intereses y conveniencias. Las pasión tiene fama de oscura, explosiva, inmanejable, peligrosa. Las conveniencias y los intereses se pueden articular, medir y negociar en un dialogo racional. Sea en transacciones mercantiles o en tratativas políticas.

En mi opinión, la falta de pasión des –moraliza. Literalmente, licúa la posibilidad de ser moral. Si nada apasiona, nada tiene importancia; si nada importa, no hay de qué apasionarse. Con la modernidad y el racionalismo, pienso que los seres humanos como nunca en la historia hemos procurado relacionarnos exclusivamente desde nuestra razón, como si la pasión y el cuerpo no existieran o fueran inferiores. Tan modernos, tan de este mundo, y nunca tan poco materiales, tan espirituales. Interesadas, desapasionadas y sin moral, la astucia deviene la habilidad esencial: el disimulo de nuestras conveniencias como si correspondieran a intereses de las demás. Vemos a las otras como máscaras porque las miramos tras las máscaras que somos. Arteras y engañosas, vivimos diseñando estrategias de ocultación para proteger lo único valioso que tenemos: nuestras conveniencias. Confiar, dar por supuestas las buenas intenciones, aceptar la verdad mientras no se demuestre lo contrario, es de ingenuas, inocentonas sin remedio. ¿Quién quiere ser considerado un completo boludo? Así, nuestra propia malicia nos hace ver a las demás como marrulleras.

Detrás del político en la televisión nos vemos a nosotros mismas. No podemos pensar bien.

Echo de menos la pasión, los valores gravitantes. Me ocurre a mí, y observo que es una nostalgia extendida. Observamos y sentimos la astucia generalizada como desolación. Pensamos mal de nosotras mismos y procuramos tranquilizarnos con explicaciones cínicas, convirtiendo el cinismo en estilo dominante. Quizá nunca he podido subirme sin reservas al carro de la modernidad. En realidad la modernidad tiene una pasión de fondo sin la cual no puede existir –la pasión por la verdad, por la razón–, que no quiere reconocer como una fuerza pasional. Y si es verdad que solo somos individuos movilizados por conveniencias personales, ella pone en evidencia el cinismo que hay en su raíz. Quien insista en los derechos de la razón y la verdad, no estaría haciendo nada más que asegurar sus conveniencias personales. La modernidad inventa así su desolación definitiva.

El cuidado de la vida en la tierra, la protección de la red de nichos que la vida produjo como su propia morada, la relación delicada y respetuosa que se hace necesaria con lo que no entendemos racionalmente bien, el misterio de la constante regeneración de la vida, demandan a fondo nuestra capacidad de apasionarnos, de cultivar valores morales gravitantes. La modernidad amenaza la vida. No será salvada solo con más razones, verdades instrumentales y tecnología. La vida en la tierra se impone como sagrada. No como un valor superior antimoderno, sino como una superación de la racionalidad que preserve todas sus potencialidades. Un despertar de la pasión de cuidadoras de la única morada de la vida en el universo, que supere al afán por afirmarnos en razones y verdades que no tenemos ni tendremos nunca. Tenemos que vivir, aunque no sepamos bien cómo, cuidando apasionadamente la vida.

NO ESPEREMOS TANTO DE NOSOTRAS MISMAS

(Septiembre 24, 2020)

Estando en ánimos sociales de reinvención radical, vale la pena recordar lo dicho por el poeta: "Sobrepasados y tardíos, nos lanzamos de repente a vientos y caemos en pantanos sin compasión".

No todo depende de nosotras. Las consecuencias de nuestras acciones no son nunca las anticipadas. Tanto, que la palabra acción es sospechosa de pretender demasiado. De sujetos de la historia nos convertimos habitualmente en sus víctimas. Mi generación se propuso progreso ilimitado, fuentes de energía infinitas, socialismos, amplias libertades, iglesias *aggiornadas*, formas de convivencia por fin igualitarias y sin jerarquía, en las redes. Y vivimos entre escombros, sueños frustrados, cerros sobre cerros de esqueletos y pandemias de patologías psicosociales. Sin embargo, nuestras ilusiones no ceden. Continuamos imaginando que está en nuestras manos diseñarlo todo. Hemos aprendido. ¡Esta vez sí!

El sujeto de la cultura capitalista moderna está vivito y coleando. Somos nosotras. Es lo que hay. La vieja alma cristiana recauchada por el Iluminismo. La hecha a imagen y semejanza de Dios, convertida en Dios de sí misma. El yo autónomo soberano, la mente racional, la subjetividad individual cargada de opiniones y verdades personales convertida en el sol del mundo. Nosotras. Creemos que, si bien no podemos asegurar completamente el resultado de nuestras acciones –el mundo tiene contingencias–, podemos, obviamente, estar seguras de nuestras intenciones, de aquello que nos proponemos. Pero no nos hacemos cargo del hallazgo fundamental de psicólogos y filósofos más o menos contemporáneos: no nos conocemos bien, no sabemos quiénes somos, miramos en nuestro "interior" y nos confundimos, no somos dueñas de nosotras mismas, nos hacemos ilusiones.

Cargadas sin conciencia de predisposiciones reflexivas y emocionales que vienen del pasado, tenemos mucho de rocolas. No somos páginas en blanco, mentes que razonan fundadas en sí mismas como la de Dios. Abrimos la boca y habla un pasado hecho memoria olvidada. Somos "animales moldeados" más que "animales racionales". Nos mueven emocionalidades que emergen en la intersección de lo aprendido presupuestado y el presente. No podemos evitarlo. Creemos ser liberales, conservadoras, progresistas, demócratas, desde esquemas que damos por obvios sin poder revisar por completo. Imaginamos diálogos públicos pausados y respetuosos con "cartas al director", en el universo de la convivencia masiva digital. Estamos siempre sobrepasados y tardíos.

¿Predicar un poco de escucha y silencio a los diositos cargados de seguridad en sí mismos que caminan por la calle? A esta edad, ¿qué otra cosa?

Pienso que lo mejor de la democracia es ser una escuela de humildad. Menos mal que "no estamos de acuerdo como las aves migratorias" –como constató el mismo poeta, un poco nostálgico. Tenemos que ponernos de acuerdo, negociar, cros- apropiar sueños, expectativas y convicciones. Entibiar. Agachar mutuamente el moño para convivir. Lo que nos dice que no estaremos muy felices con el resultado. Es que somos solamente humanas.

CUIDAR Y GOZAR LA VIDA

(Octubre 1, 2020)

Usé la expresión "cuidar la vida" hace poco. Algunas reacciones me permiten confirmar que la palabra "cuidar" expele radiaciones tóxicas. Halos de abstinencias, santurronería y poder. Mala mezcla. Cuidan los carceleros con puño de hierro, los sacerdotes, las enfermeras, los profesores y ministros de educación, las nutricionistas, el personal de hogares de ancianos, institutrices y sabios que lo tienen todo claro. Ambientes ascéticos lúgubres constituyen las escenografías del cuidado. Pasillos en penumbra, cuadrángulos de sillas, confesionarios, pesas y romanas, cocinas relumbrantes, carteles con admoniciones, semáforos, a modo de iluminación. La pesada seriedad del experto en pecados ensombrece el rostro que dice "hay que cuidar", "tenemos que cuidar".

Encuentro que es una gran pena porque "cuidar" podría ser una palabra luminosa. En su raíz lo es de todas maneras. Mejor que encogerse de hombros. Y mucho mejor que planear y controlar.

Si nos relacionamos con la vida solo como fenómeno científico, la perdemos. El mundo y el universo de la ciencia no son lo mismo. El cosmos no coincide con el mundo de los físicos, la vida con el de la biología, la economía con el de las economistas. Para que las leyes científicas funcionen como predictoras, deben rodearse con paredes aislantes de interferencias, asegurar que "lo demás" se mantenga constante – *ceteris paribus*. Operan en experimentos en laboratorios. El mundo –el cosmos, la vida, la economía– no consiste en un conjunto de laboratorios ni situaciones experimentales aisladas de "afuera". Para que las leyes operen hay que seccionar el mundo, compartimentarlo, segmentarlo en "laboratorios" aislados, meterlo en la camisa de fuerza de una UTI. Incluso en ese tradicional modelo de mundo científico de relojería, el sistema planetario, no se pueden predecir las órbitas planetarias debido a que es un sistema gravitacional complejo. Hay que considerar a los planetas y el sol aislados.

Relacionarse con la vida como fenómeno biológico obliga a seccionarla de los nichos de ecologías complejas que ella misma ha creado como su hábitat. Del planeta entero que soporta la vida. Si entender un fenómeno consiste en predecir sus próximos pasos, entonces se sabe poco de la complejidad de la ecología. Seccionarla y fraccionarla es destruirla. La delicadeza ante el misterio es lo que a falta de un mejor nombre podemos llamar cuidar. Falta una ciencia del cuidado; quizá la ecología lo sea. No sé.

Al cuidado no le sirve la lógica instrumental. Difiere de la ciencia de la revolución científica, afanada por el control tecnológico. Permite, deja operar, acepta el emerger, pertenece al presente, no va a ningún lado, es inmune a reflejos correctivos. Cuidar la vida es gozar la vida. ¿Cómo cuidar lo que no se goza? ¿Y cómo gozar lo que se controla, se encierra y no se deja ocurrir?

Un poco más de goce, de capacidad y sensibilidad para disfrutar, nos vendría bien para decidirnos a cuidar la vida en serio. Se me ocurre que es la ausencia de fondo. Aprender a ironizar del tren enloquecido de acumulación de capital, tecnología, fama, conquistas y saberes que no va a ninguna parte, cargado de dementes, y pegarse unas buenas siestas. A la sombra en tardes soleadas, bien comidas, un poco embriagadas, rodeadas de familiares y amigas que discuten interminablemente cómo votar en el plebiscito, y de un coro infantil que canta a la esperanza jugando.

MIEDO Y OPTIMISMO

(Octubre 15, 2020)

Pienso que han sido nuestros ánimos rectores durante un tiempo. Miedo al Covid, optimismo con la vacuna. Miedo por el futuro de Chile con una nueva constitución; optimismo de que esta vez, por fin, se abrirán los anchos caminos cerrados hasta ahora.

Nos arrastran en la afanosa vida diaria. Sentimos la ansiedad del miedo. Su mutación en tristeza al convertirnos en víctimas, y en rabia al señalar culpables – y una subterránea vergüenza por la cobardía. Nos eleva la liviandad positiva del optimismo, la seguridad de que "todo estará bien" – y el desasosiego subterráneo de la duda. ¿Qué tiene de raro? Después de todo conozco a los culpables que me han cerrado el camino. Son de miedo. Y por el contrario, ahora sí estoy seguro de que se abren tiempos mejores. ¿Cómo no ser optimista?

En momentos de cierta lucidez, cuando tomo una distancia mínima de mí mismo, me observo e interrogo, puedo percibirlos casi como fenómenos externos. Sin embargo, aun en instantes así, no puedo desembarazarme de ellos por un simple esfuerzo mental. No puedo ordenarles que se vayan, que me dejen tranquilo. Tampoco me resulta sacarme a mí mismo al pizarrón y someterme a auto admoniciones culpógenas acerca de lo que "debería hacer y no hacer".

Quizá un camino más prometedor para liberarnos del miedo y el optimismo sea observar de dónde vienen, cómo ocurren. Puede que una buena interpretación nos abra nuevas posibilidades para actuar sobre ellos. A mí me sirve.

Ambos tienen una mirada al futuro. Viene algo atemorizante que soy capaz de predecir, o bien, ocurrirán hechos positivos que puedo predecir. Esta capacidad predictiva del futuro los caracteriza a ambos. Y los une. ¿De dónde viene dar por supuesto que hay que predecir, y que podemos hacerlo? Antes, antes, se rezaba. Hoy se confía en las leyes naturales, en las leyes de la historia, en las leyes sociales y psicológicas, en las estadísticas. En saber. Como dice un amigo físico, "seteamos los parámetros y controlamos pa donde va el mundo". Bueno, aparentemente consideramos a la posible constitución que viene como el conjunto de los nuevos parámetros fundamentales. Con certidumbre, unos predicen a partir de ellos un mundo de miedo, otros, predicen uno de optimismo. Los dos ánimos y la certidumbre sobre el futuro están conectados de manera íntima.

Pienso que pertenecen a una misma manera de ser, simplona, predictiva y controladora, siempre sobrepasada y tardía. Por eso intercambian roles con tanta facilidad. La optimista de ayer es la temerosa de hoy, y recíprocamente. Por experiencia propia tengo la convicción de que la planeación predictiva ya no sirve para actuar competentemente. Abre demasiadas alternativas, nos pone ante horizontes con demasiadas posibilidades. Finalmente, no atina. Nos carga de julepe y de ilusiones. Fatalmente caemos en expectativas, en esperar que, ojalá que.... Siempre querremos más poder –más atribuciones, más garrote– para controlar lo que fatalmente se escapa.

El torbellino de contingencias del mundo actual nos llama a lanzamos a la aventura más que a controlarlo seteando parámetros. La apropiación activa del ad-venir no deja tiempo para imaginar peligros aterrorizantes o esperar suertes salvadoras. Desplegándose activamente a sí misma, situada y finita, la aventura habla poco de aquello que no hace. No produce miedo ni optimismo.

EN EL PRINCIPIO ES LA EDUCACIÓN

(Octubre 22, 2020)

El pequeño ente biológico recién salido del vientre materno comienza a ser educado de inmediato. Es introducido en el mundo por su cuidador más cercano, usualmente la madre. El uso de las cosas diversas a su alrededor, y el trato con los seres humanos que se relacionan con él, ameritan una educación constante. El aprendizaje se basa en confiar en la persona que hace, más o menos, la siguiente promesa: "haz lo que te digo y todo irá bien". Una confianza fundamental

Paso a paso la infante empieza a comprender el mundo, manejando instrumentalmente las cosas a su alrededor y tratando a las personas que lo rodean. Adquiere como suyo el mundo adulto, de la mano de su educadora. Con este recibe más que entrenamiento para desempeñar comportamientos adecuados en situaciones determinadas. Adquiere una comprensión general del mundo y de quién es él o ella, encarnada en la obediencia a normas de uso instrumental, normas de trato y comportamiento adecuados, normas éticas, normas morales. Podemos imaginar los efectos holísticos que la simple norma "siéntese derecho" o "cruce bien las piernas" tendrá para la aprendiz. Y adquiere también disposiciones a ser afectada emocionalmente, que acompañan íntimamente al mundo comprendido. Vergüenza en cierta clase de situaciones, curiosidad o temor ante lo desconocido, rabia o indiferencia ante lo injusto, impavidez o afán solidario con el dolor ajeno, pasiones, erotismos, pulsiones estéticas... No podemos ser plenamente conscientes de todo lo que moldeó y depositó nuestra educación, que moviliza nuestro comportamiento sin mediar reflexión.

Desde infantes somos educados en tradiciones históricas. Quizá si el mundo de normas y artefactos instrumentales puede ser uno solo para todos, pero rara vez el de normas morales de bueno y malo, éticas de trato social y estéticas, que provienen de narrativas y creencias diversas. A cierta edad nos encontramos instaladas con familiaridad en un mundo de tradiciones cargadas de sentido, actuando con las habilidades requeridas y la emocionalidad sintonizada. Y haciéndolo, sabemos con certeza qué persona somos. Hechas hábito, conscientes a medias

Momentos constituyentes pueden tentar a creer que primero es la ley, las reglas explícitas. Suponer que ellas determinan nuestra conducta, la vida social; que de ellas parte todo. Podemos ser plenamente conscientes de la ley, pero la verdad es que la comprendemos desde el ser poseído por las tradiciones normativas y disposiciones afectivas que somos. Desde éstas confrontamos a aquella. ¿Seguir al pie de la letra las reglas tributarias? ¿Obedecer las leyes del tránsito? ¿Seguir personalmente las reglas sanitarias? ¿Subordinar nuestras normas y sentimientos de lo que es justo e injusto a la ley?

Por experiencia propia sé que obedezco la ley solo después de interpretarla personalmente. Mientras más perfectas son la leyes escritas, y más dan por supuesto a un ser inspirado en valores que lo exigen en forma abstracta más allá de quien es históricamente, más ácido es el ánimo de cinismo que produce el contraste cotidiano entro lo exigido y lo cumplido.

La diferencia entre la verdad ideal y la real; lo políticamente correcto.

¿Para qué todo este rollo? Para insistir, en momentos constituyentes, en que no nos exijamos más allá de quienes somos. No regulemos la vida para un ser ideal que no existe. Por mi parte, me comprometo a mantenerme situado, reconocerme finito, atemperarme.

EL MUNDO ES ANCHO Y AJENO

(Octubre 29, 2020)

Una novela conmovedora, un título inolvidable. Latinoamérica. Nosotras.

Cuando nos creemos fuertes y poderosas, es precisamente la ocasión que escogen los dioses para cegarnos con la desmesura, la hybris. ¿Y qué mayor desmesura que olvidar la anchurosa ajenidad del mundo?

¿Ajeno nuestro mundo global? Bueno, de partida, capitalista. Un universo de grandes patrimonios convertidos en capital e inversiones. Y nosotras, en una abrumadora mayoría somos asalariadas, trabajadoras por cuenta propia, contratistas, microempresarias. Sin embargo, necesitamos a quienes invierten. "Muevan las industrias" pedían Los Prisioneros. Hasta el momento, mal les ha ido a quienes han experimentado con sistemas no capitalistas. Ajenos a nosotros o no, debemos contar con los inversionistas hasta que la historia no diga otra cosa.

¿Y los chinos? Bueno, mientras una mitad crea que son comunistas y nada más, y la otra mitad que son capitalista y nada más, nos son ajenos por propia ceguera. Imposible apropiarse de lo dado por ajeno de entrada, ni aprender nada de ello.

Necesitamos inversiones de otros. Ajenas. Con los ahorros propios no alcanza. No podemos imprimir dólares o renminbis, como las gringas y las chinas. Tenemos que ganarlos exportando con el sudor de la frente. Y atrayendo a capitalistas que navegan con fluidez en su mundo amplio e indiferente, con muchos lugares donde ir.

Un mundo ajeno que no sufrirá tristeza si alguien hace mejor lo que hacemos nosotras, si nos desplazan y nos dejan atrás. Sin llanto, y despiadado. Con océanos ajenos navegados por marinas de guerra gigantescas y flotas pesqueras descomunales. Un mundo ancho con lenguas ajenas como el inglés y el mandarín.

Un mundo tecnológico ajeno. No tenemos pito que tocar en el universo turbulento de las nuevas tecnologías digitales y las nuevas formaciones sociales que ellas engendran. Ajeno es el mundo de las ciencias en general, de la buena educación, de las grandes universidades. Ajeno, el universo de sociedades que se educan y se forman a sí mismas en serio, que apuestan a su capacidad de crear, más que a rentabilizar la naturaleza A actuar y poetizar más que a administrar y laborar.

Un tanto extraviados, un poco al garete, sin destino, a la suerte de la olla, a la que te criaste y te resulte, nada de eso funciona para navegar en el mundo ancho y ajeno. Un poquito más de empeño, menos confiadas en los recursos que Dios nos dio, la buena suerte y algunas ideas generales, más despabiladas, todo eso sería bueno.

Seguro que es posible constituir un orden legal que nos permita convivir mejor. Pero no nos apropiaremos del mundo ancho y ajeno con nuestras propias leyes.

HEMOS PERDIDO CASI UN MILLÓN OCHOCIENTOS MIL EMPLEOS

(Noviembre 5, 2020)

Dijo nuestro presidente hace una semana en una entrevista televisada. Es una frase ambivalente, en mi opinión. Habla más de quien la pronuncia que de sí misma. ¿Quién dice "hemos perdido casi un millón ochocientos mil empleos"? ¿En qué universo existe, qué observa, qué preocupaciones tiene, en qué rol se instala y quién cree ser el que hace semejante afirmación?

Me pregunto quién es el nosotros detrás de "hemos perdido". ¿El plural representa un conjunto del cual el hablante forma parte? No creo que se refiera al universo de los cesantes. Si pudieran hablar colectivamente, ellos y ellas dirían, "somos casi un millón ochocientas mil personas que hemos perdido nuestro empleo", así que el presidente no habla en su nombre. En realidad, debido a que no hay representantes de los cesantes –es uno de los serios problemas de la cesantía–, no queda más que adivinar y ponerse en el lugar de los centenares de miles que dicen "perdí la pega", "estoy cesante", "me echaron".

¿Quién es el conjunto al que se refiere el hablante? ¿Qué colectivo existe en su realidad imaginada? Si no es el de los cesantes, ¿podría ser el de los empresarios, los empleadores? Creo que ellos y ellas dirían, más bien, "nos hemos visto obligados a desvincular (prescindir de, terminar la relación contractual laboral, echar), a más de un millón ochocientos mil trabajadores". No hace mucho sentido que los empresarios afirmen "hemos perdido empleos".

¿Quién es, entonces, el nosotros representado por el hablante? Quizá el pretendido colectivo no es más que un recurso para pretender objetividad. Todos nosotros estamos en presencia de la misma realidad, sabemos de qué hablamos, vemos lo mismo: el millón ochocientos mil empleos que hemos perdido. No se trata de una opinión subjetiva.

Y ¿qué palabra es "empleo"? ¿A qué se refiere, qué muestra? Seguramente quienes perdieron su trabajo no hablan de sí mismos como nuevos desempleados. Se sienten cesantes y hablan de perder la pega. Nadie que trabaja se pierde del hecho que empleo significa trabajar, y trabajar es duro y sufrido; es una pega. Hay una indolencia, un desapego de la cesantía con su carga de angustia, hambre y desesperación escondida en el término "empleos perdidos".

El mundo parece sustituido por un cuadro, por una hoja Excel que se puede mirar con desapego y objetividad en la pantalla de la computadora y el proyector. Cercano y distante a la vez. Hay una columna que dice Empleo, así como hay otra llamada PIB y otra Gasto Público... lo que se quiera. Una descripción objetiva, datos económicos. ¡La realidad entera es un cuadro estadístico! Cercana, al alcance de la mano para ser entendida, predicha y controlada. Si "nosotros cambiamos" un número aquí, este otro resulta perdido o ganado por allá. Produce la impresión de poder, de control, de saber lo que curre realmente. Si "comparamos" con el mismo cuadro de un año atrás, resulta la cifra de "pérdida de empleos", de PIB, de lo que quiera. Y al mismo tiempo una realidad lejana, de cosas y nombres imaginarios carentes de dolor.

Objetividad e in-dolencia. El mundo sustituido por un cuadro. La mente del analista. No de quien trabaja, no del que fabrica y contrata; del que busca donde invertir.

¿DOS MUNDOS?

(Noviembre 12, 2020)

Miro el mapa electoral de Estados Unidos con sus dos mundos: las costas liberales, de economías tecnológicas y globalizadas, los interiores conservadores, particularizados, de economías atrasadas. Polaridades. Pienso en las tres comunas chilenas en contra del plebiscito, Inglaterra dividida por quedarse o salir de la UE. El mundo entero se divide agudamente en dos - progreso, retraso; riqueza, pobreza; forma de vida globalizada, forma de vida particularizada. ¿Es consistente con la democracia?

Cuando el socialismo hizo el ensayo histórico decisivo de La Unión Soviética, dividiendo el mudo en dos, el capitalismo respondió con dos estrategias contrapuestas. La primera, agresiva y antidemocrática, fascismo y nazismo, sumió al mundo en sangre antes de ser derrotada. La segunda, defensiva y democrática, la socialdemocracia europea y el New Deal. Creo que ha sido la principal experiencia histórica que ha tenido la humanidad con una democracia masiva de verdad.

Cuando el socialismo se derrumbó, expresiones capitalistas vieron la oportunidad de liberarse de las concesiones defensivas que se habían visto forzadas a aceptar, e impulsaron una nueva estrategia económica agresiva e integrista: la globalización neoliberal. Las personas de mi generación conocemos esta historia, la hemos vivido: impresionante expansión económico-financiera y tecnológica, emergencia de una élite globalizada, masas particularizadas dejadas atrás en las viejas actividades impermeables a la revolución tecnológica y financiera, o arrasadas por esta. ¿Cuáles fueron las medias tintas defensivas abandonadas? Todas las que olían a "social", que limitaban la libertad individual de las personas para "existir" en los mercados, las lógicas opuestas a la transaccional, la política, en particular.

El capitalismo de corte neoliberal divide el mundo en dos, con una divisoria que pasa por el interior de los estados nacionales. Ya había ocurrido algo así durante el otro gran ensaya de un capitalismo global de "laissez faire" a comienzos del siglo pasado. Leí a alguien decir que vivimos un futuro pasado. Encuentro que en parte es verdad, y visto lo ocurrido en la primera mitad de ese siglo, el resultado puede ser terrible. Ausente una presión social global poderosa, el capitalismo parece separar aguas con la democracia. Puede permitirse a sí mismo abandonar países pequeños y zonas atrasadas que quieran amansarlo, y mientras mantenga el dominio financiero y tecnológico global, los perdedores son aquellos. Simplemente los deja atrás.

En un mundo con estados nacionales divididos en dos, ¿tiene futuro la democracia y el capitalismo tomaditos de la mano? El solo hecho de hacerme la pregunta me inquieta, considerando la excepcionalidad del destacable momento histórico en el cuál ambos se conciliaron como socialdemocracia.

Y está China. No sé quién monta a quién en China, si el socialismo al capitalismo o el capitalismo al socialismo. Mientras la competencia con "Occidente" sea entre capitalismos –tecnologías, economías, ejércitos–, la ausencia de tradición democrática en China puede resultar una gran ventaja para ella. Al capitalismo siempre le va mejor con el orden. Aunque en el horizonte está la gigantesca clase media china, globalizada, educada, tecnologizada. ¿Qué ocurrirá con su potencial político? ¿Adónde irá? ¿Podrá ser conducida?

ECONOMÍA CONVERSACIONAL

(Noviembre 19, 2020)

Tradicionalmente se opone trabajo manual a trabajo intelectual. Uno es característico de una economía manufacturera industrial, el otro de una economía de servicios basados en la información. Pienso que es una distinción que no sirve. De un lado, pocos creen ya que el intelecto, la razón, sea algo muy diferente al cuerpo, a la mano. De otro lado, debido a las nuevas tecnologías digitales que lo permean todo, la frontera entre manufactura y servicios ha sido borrada

Mejor hablar de economía conversacional, un término que le escuché a Fernando Flores hace un tiempo. En la economía conversacional se trabaja hablando, por oposición a trabajar moviendo cosas e información de un lado a otro. La logística, el transporte, el manejo de maquinaria y el procesamiento de información, la plantación, cosecha y recolección agrícolas, el aseo, la atención de establecimientos comerciales, bancarios y de servicios sociales, pertenecen a la segunda economía, la del manejo de cosas e información que están a la vista. Diagnosticar y evaluar (en medicina, leyes, finanzas, ciencias), diseñar (en estética, moda, tecnología, arquitectura, estrategias financieras, negocios y ofertas), asesorar (orientar la atención, crear nuevas relaciones, proponer nuevos espacios reflexivos), educar cultivando sensibilidades y habilidades, son conversaciones. Constituyen, típicamente, la economía conversacional.

Todos vivimos en un mundo de cosas y palabras, por supuesto. Todos hablamos, pero solamente en la economía conversacional se trabaja y se produce valor e ingresos, hablando. En la otra economía, se procesa y fabrica, se guarda y archiva, se transporta e intercambia cosas e información, sin necesidad de intercambiar palabras con otras personas. Trabajar consiste en relacionarse con un mundo de cosas y datos mediante procedimientos y protocolos.

La economía conversacional se agigantó y se hizo dominante con la globalización comercial, financiera y tecnológica que ocurrió durante mi generación. Con ella se instalaron las nuevas elites mundiales y nacionales que producen ingresos hablando, con diferenciales de riqueza no imaginados previamente. Son elites con un nuevo estilo distintivo. Con habilidad y sensibilidad para inventar posibilidades e identidades, más que para gestionar con eficiencia. Dedicadas a negociar para hacer transacciones, antes que en "tener la razón" siguiendo normas establecidas. Que acumulan, mirando más al futuro que al presente. Este estilo encarna una nueva comprensión de sentido común de lo que es *racional* –llegar a acuerdos transaccionales–, *verdadero* –la oferta comprada recurrentemente–, y *virtuoso* –competir y ganar haciendo transacciones.

Es posible que el hiato social y económico que existe entre los hábiles conversadores transaccionales, y los de la economía de mover y transportar, sea ya muy grande en términos históricos. Proponer conversar para ponerse de acuerdo –¿qué actitud más racional y desprejuiciada, dirán unas?–, puede ser escuchada por las otras como la trampa de todas las trampas, y sea rechazada. ¿Habría que responsabilizar a las elites de la economía conversacional de monopolizar el lenguaje para su estilo de invención transaccional del mundo y generalizar la desconfianza en conversar? No lo sé, pero quizá enfrentamos una exigencia de pluralismo que es anterior a sentarnos a hablar.

CAPITALISMO Y DEMOCRACIA

(Diciembre 10, 2020)

Se me ocurre, no soy historiador, que el capitalismo y la democracia son creaturas que no pertenecen a la misma camada. Una nació en Grecia en el Siglo V AC, la otra en el Siglo XV DC en Venecia, por ahí. No han tenido una existencia muy armónica, sino duramente negociada, para no caracterizarla de dialéctica, un término que no está muy de moda.

Cuando el capitalismo se convirtió en industrial, a mediados del Siglo XIX en Inglaterra (una potencia imperialista que exportaba sus manufacturas), la democracia era censitaria: muy pocas personas tenían derecho a votar. Cuando Henry Ford inventó la "producción en masa" entrando el Siglo XX en Estados Unidos (un país que expandía su frontera y su mercado interno), la productividad de los obreros alcanzó un nivel tal que permitía pagarles lo necesario como para que compraran los automóviles que ellos mismos producían. El sistema de producción fabril abrió la posibilidad de un capitalismo compatible con la democracia. O sea, con un futuro pacífico de largo plazo. Un sistema tan productivo como para ser consistente con las mayorías democráticas, negociaciones salariales de por medio. Gringo más que astuto.

El tamaño del mercado, el poder de compra, se convierte así en la fuente fundamental de poder de la democracia con respecto al capital. Las masas compradoras constituyen el principal interés del capital para invertir. Sin poder de compra no hay posibilidades de vender ni acumular (Una consecuencia que puede ser invisible para quienes consideran que el único secreto del capitalismo estriba en la producción). Convertido en poder político, el poder de compra define los límites de la capacidad negociadora de la democracia. En países con grandes poblaciones y grandes mercados, la democracia tiene una gran capacidad negociadora de base. En países pequeños como el nuestro, el poder negociador de la democracia es más débil. El capital depende de exportar, no de vender a las masas en el interior del país

Chile es considerado valioso por el capital como geografía, geología, climatología e hidrología. Como "recursos naturales", no como mercado; somos 18 millones de personas. Si la democracia quiere apretar fuerte al capital, este puede hacer abandono de la escena. Hay recursos similares en otras partes del mundo, quizá solamente un poco más costosos. Sufrir una pena, hacer algunas pérdidas y emplumárselas, es una posibilidad siempre abierta. El capital no es una cosa, es poder fluido que no es posible encadenar. Pienso que este hecho delimita el poder máximo de la democracia. No es un dato sino una preocupación negociadora, una prudencia madura. Le pone límite a lo que una ética abstracta puede considerar justo o injusto, obligando a hacerse cargo de lo fácil que resulta imaginar posibilidades que no funcionarán. No por falta de justicia, sino por falta de poder democrático. Considero que esta mirada negociadora es más valiosa para diseñar estrategias democráticas que el miedo a un populismo definido dogmáticamente.

Ahora, si vamos a exportar, y no creo que haya otra dado nuestro pequeño tamaño poblacional, no estamos obligadas a hacerlo con recursos naturales, y no con habilidades humanas especiales. El valor negociador fundamental de la democracia con el capital no tiene por qué ser nuestra capacidad de consumir, sino nuestra capacidad de diseñar y producir en forma innovativa. Siendo simplón: la cabeza, no el estómago. ¿Cómo hacer de las habilidades humanas el poder negociador esencial de la democracia con el capitalismo?

Es la gran posibilidad democrática. Y un desafío.

LA CONVIVENCIA ES EMOCIONALIDAD COMPARTIDA

(Diciembre 30, 2020)

Puede ser apropiado hablar de esto cerca de Navidad, cuando nos invade un visible ánimo compartido de cierta bonhomía, evocado en este caso por viejas tradiciones de amor y perdón.

Convivir depende de contar con leyes adecuadas, pero es primordialmente una emocionalidad compartida. Alguien nombrado lo dijo. Me parece que le atinó de fondo. El racionalismo de la tradición iluminista –razonar es ser–, que preside nuestra educación y buena parte de nuestra conversación pública escrita, es insensible a la emocionalidad. Presta atención exclusiva a principios, reglas, teorías, verdades lógicas y estadísticas, pero no a las emociones que presiden antes de nada nuestras prácticas y conversaciones. Les pide demasiado a las leyes, desentendiéndose del ánimo societal que las envuelve. Y una ley que no va acompañada de un ánimo de respeto masivo, de hecho no opera. O lo hace solamente con garrote.

Imagino que lo sabemos de memoria todas las personas que convivimos en pareja, en relaciones de paternidad y maternidad, en sociedades de emprendimiento, en equipos deportivos, en compañerismo frente a las múltiples aventuras de la vida. Por repetidas experiencias propias sabemos que no se consigue mucho con protocolos perfectos, vacíos de la emocionalidad de convivir. ¿Qué decir de nuestra convivencia nacional?

La demagogia es maestra para crear la emocionalidad que necesita para una convivencia que puede controlar. Es peligrosa por lo mismo. Desprecia la razón del racionalismo, reemplazándola por la razón del poder. Lo que crea poder se justifica, es su lema. Su nombre es legión: populismo, fascismo, dictadura burocrática, múltiples democracias con apellidos que la niegan. Escandaliza a intelectuales y políticos racionalistas, debido a su desprecio por lo que ellos llaman la verdad, los hechos, los principios. Sin embargo, ellos mantienen sus denuncias y propuestas en el plano racionalista, sin hacerse cargo del cultivo de una emocionalidad contrapuesta que modifique los ánimos de rabia, desolación y desespero en los que la demagogia incuba.

Creo que se puede sostener que el papel esencial de un político consiste en la creación de un estado anímico de convivencia adecuado a su momento histórico. Un arte, más que una ciencia. En las antípodas de los principios abstractos, las buenas ideas, el *management*, la optimización, la priorización y el poner orden, inspira, conmueve y compromete. Durante un tiempo después de 1990, derecha e izquierda en Chile contribuyeron a un ánimo de convivir luminoso, basado en la reconciliación y la justicia, la esperanza en el futuro, y el simple y puro goce de la democracia. Estoy seguro de que la historia tratará bien a sus principales autores, pero se esfumó. Alguien asumirá la responsabilidad de renovar la emocionalidad de convivir hoy...

¿Hay algo que podamos hacer nosotros, la infantería? Contribuir en nuestros espacios de convivencia a cultivar ánimos de respeto mutuo, de apertura por default a confiar, a ser más sensibles a la existencia ajena antes de más inteligentes, será bastante más que algo. Mucho. Y nos pondrá en contacto con los prejuicios, enojos y fastidios que nos gatillan las opiniones y formas de ser de las demás, que hacen emocionalmente difícil una tarea que, por lo mismo, alude a un premio mayor. Puede ser que un poco de compasión por el desafío que enfrentamos todos, especialmente nuestros dirigentes, no venga mal para ayudarnos a convivir.

SIN SOLIDARIDAD, EL FUTURO SERÁ UN INFIERNO

(Enero 14, 2021)

Sostiene Adriana Valdés, directora de la Academia de La Lengua y presidenta del Instituto de Chile, una de las intelectuales más relevantes del país, en un diario la semana pasada. No sabemos qué nos traerá el futuro, dice, pero sin solidaridad.... Habla de la elaboración de la nueva constitución, por supuesto.

Encuentro que es una fórmula luminosa. La constitución contribuirá a articular un nosotros en el plano legal, y ayudará a su vez a cultivar ese nosotras. Lo que supone que el proceso constituyente se funda en una voluntad solidaria. Nos proponemos elaborar nuestra constitución.

¿De dónde partir, si no? Podríamos imaginar un fundamento individualista o bien gremial, y entender el proceso constituyente en términos contractuales. Cada uno y cada una con su santa y su santo, con sus conveniencias, puntos de vista, ideas y obsesiones, procurando sacar el máximo partido personal o grupal que sea posible. Suena razonable en el papel. Sin embargo, se nos impone de antemano la necesidad de decidir qué hacemos juntas en este particular proceso constituyente en Chile, que no sea debido a razones puramente contingentes. Aceptamos de hecho que hay un nosotros del cual ya somos parte al proponernos elaborar una nueva constitución. No somos una colección de individualidades o grupos estructurados que ocurre que nos encontramos aquí y ahora metidos en un proceso constituyente debido a una ironía histórica.

La invitación que me evoca Adriana Valdés es partir aceptando el nosotras del que formo parte, que se propone reconstituirse. Lo que significa participar en el proceso constituyente cuidando el nosotros como lo más relevante, y no preocupado exclusivamente de mí mismo.

Y también siento que me encarga la hermosa tarea de cruzar las fronteras que mis narrativas, interpretaciones y juicios formados estructuran quienes somos, y refrescar mi interpretación de las voces, clases e identidades que constituyen el nosotros de Chile.

Me siento desafiado a cultivar un ánimo participativo abierto y respetuoso. A escuchar la polifonía que somos quienes nos reconstituimos, y convertir el proceso en una ocasión única para conocernos mejor y articular con más sensibilidad quienes somos, cómo queremos tratarnos mutuamente en al plano jurídico. A cultivar un ánimo de respeto a las demás personas, fundado en la valoración afectiva y respetuosa al nosotros que somos, para crear una constitución que respetemos.

La ley se impondrá así con naturalidad y se cuidará por sí misma. Podremos con vivir.

De lo contrario, la ley será una imposición externa. La obedeceremos por obligación, en apariencias y de mala fe. En su nombre, guerrearemos unas con otros. Habrá que imponerla a garrote. Imagino el infierno.

PLURALISMO Y PENSAR

(Marzo 11, 2021)

Pensar estratégicamente se orienta directamente hacia el futuro. Es lo que creo que hago cuando creo que pienso para preparar mis acciones. Y también las personas que conozco. Junto información, formulo, conceptualizo, modelo y esquematizo, anticipando consecuencias hacia adelante. Procuro controlar los resultados de mis actos. Es obvio, ¿qué otra onda? Ahora, no parto de cero, por supuesto. Nadie lo hace. Me baso en el sentido común y la sensibilidad adquiridos durante años. Podría llamarlos narrativas maestras. Articulan las maneras de existir en sociedad que he adquirido, mis hábitos invisibles de reflexionar y sentir. A medias y ladeadas.

Pero si es cierto que el mundo actual no puede predecirse y que se acabaron las certezas, pensar no puede consistir en informarme, calcular y tratar de atinarle a lo que viene. Tiene que ser una práctica diferente. Puede ser que haya que partir por darse cuenta de que lo inesperado no cae del cielo como surgencias de dimensiones ignotas, u obras de dioses de la creatividad y el capricho. Ocurre como resultado de las acciones de seres humanos que se mueven con sentidos comunes disjuntos al mío. En espacios sociales ortogonales, o que se topan poco o nada con el que yo habito. Si soy derechista, tal vez en mundos de izquierda. Si soy ingeniero, quizá en mundos poéticos. Si soy cristiano devoto, posiblemente en universos budistas. Si soy humanista, podría ser en mundos tecnológicos o científicos. Si tengo cuarenta años, quizá en ambientes juveniles. Es desde mundos fundados en narrativas maestras disjuntas a las mías, que emergerán eventos impredecibles y no imaginados. Hasta la pandemia actual, ese acto descarado de una naturaleza ciega, estaba siendo anunciada por múltiples académicos y personas preocupadas por la ecología terrestre, mientras se preparaban vacunas virales de nuevo tipo.

A menudo esas narrativas son articuladas como textos. Le lectura sistemática de textos ortogonales es fundamental para pensar, entonces. Pero no una lectura animada por la búsqueda de confirmación de lo ya pensado o de antagonismos inmediatos, sino guiada por hacer propias las narrativas. Explorarlas a fondo, aceptando plenamente las posibilidades que abre el texto de rearticular nuestras narrativas previas. Aún mejor es efectuar ese ejercicio de apropiación acompañadas por participantes activas de los espacios ortogonales correspondientes, y participar en ellos. Haciéndolo, transformamos nuestras narrativas matrices, y nos rearticulamos nosotras mismas.

Pensar ya no funciona como cálculo estratégico, sino como rearticulación. Creo yo. Consiste en enriquecer sistemáticamente la red de espacios sociales en los cuáles participamos. Mientras más disjuntos, la transformación re articuladora es más significativa. De allí emergerán posibilidades frescas y se anticiparán contingencias.

Aprendí de niño que había que ser tolerante con las ideas ajenas. Más tarde, sustituí la tolerancia por el pluralismo, la aceptación de otras formas de ser. En ambos casos, el propósito era crear una convivencia decente. Hoy me consta que sin pluralismo, sin una sistemática apropiación re-articuladora, no puedo pensar. Salvo calcular con más o menos precisión a partir de las premisas de quien ya soy. Las máquinas hacen eso cada vez mejor.

AGRADECIMIENTO

(Marzo 18, 2021)

Recibí mi segunda dosis de la vacuna Sinovac. No habría pasado de estar en la mayoría de los países del mundo, incluidos muchos europeos. Tengo mucho que agradecer.

A las mujeres y hombres del CESFAM, que se organizaron en forma impecable, y nos trataron con eficiencia y solicitud. Gracias, hicieron mucho más que cumplir con un rol.

Veo encarnada en ellas la tradición de cuidar la salud a nivel local del viejo Servicio Nacional de Salud. Una expresión de la dedicación histórica de una escuela chilena de salubristas públicos que es para enorgullecerse. Destaco nombres como Cruz Coke, Horwitz, Mardones, Hepp, Monckeberg, el propio Salvador Allende, esperando representar a todos. El control del niño sano, las embarazadas y nodrizas, la entrega de leche a las madres lactantes, el medio litro de leche infantil universal, han sido extremadamente importantes para vivir con un mínimo de decencia en Chile. El CESFAM me permitió experimentar el resultado generoso de esa historia de décadas. Agradezco estar en Chile.

Valoro especialmente el ánimo general confiado que había entre el centenar de personas que estaban en el local. Nadie trató de colarse ni pretextó ser un caso especial. Imperaba una serena auto vigilancia de los derechos de cada cual. Las esporádicas equivocaciones fueron tratadas como errores, no como intentos de abuso. Un ánimo de confianza en el CESFAM, que se había instalado en el país entero. Esta vez el estado y "la clase política" en general, senadoras, diputados, jueces, y en especial las alcaldías, a menudo criticados sin compasión, merecen mi aprecio por este ejercicio en honestidad y ética. Aprecio vivir en Chile.

¿Hay vacunas disponibles tempranamente? Gracias le debo al ministerio de salud y al gobierno. No está de moda hablar bien del gobierno, pero en este caso, al César lo que es del César. Y si tiene fundamento lo que me cuentan, a investigadores de algunas universidades chilenas, la PUC, me insisten, cuyos laboratorios científicos trabajaban mano a mano con laboratorios chinos de primer nivel mundial. Disponibles de antemano había redes de respeto técnico-científico y confianza profesional, que pudieron activarse para colaborar en el desarrollo de las pruebas iniciales de la vacuna y adquirir dosis en cantidades masivas tempranamente. Agradezco a quienes se dedican a hacer ciencia de primera en las universidades e institutos de Chile. Me levanta el ánimo vivir en un país que aporta en serio al mundo. Imagino que estos programas de ciencia asociada fueron naciendo al calor del crecimiento de las relaciones comerciales entre Chile Y China. (Hoy 40% de nuestras exportaciones van a China; a EE. UU., un 14%). El gobierno de Allende, por las primeras relaciones diplomáticas de un país latinoamericano con China, establecidas en 1970, y el esfuerzo dedicado de años de los empresarios, trabajadores y técnicos que abrieron los nuevos mercados, obviamente están en mis redes de agradecimiento. Pudo ser de otra manera, y seguir concentrando nuestras relaciones comerciales con Norteamérica, sin crear redes de confianza con China. Con seguridad, no estaría vacunado.

Y agradezco que China se convirtiera en la gran potencia mundial que es. Quizá se puede pensar que está demasiado atrás en el trasfondo como para tenerla presente aquí. Alguien producirá vacunas en alguna parte, después de todo. Pero hace unas décadas atrás, China no formaba parte del universo que podía producir nuevas vacunas con expedición. Sin el Partido Comunista Chino, que creó la China actual, yo no habría recibido mi vacuna Covid en los primeros meses de este año. Aprecio y agradezco las contingencias, incluido el PCC.

Bastaba con que uno de los eslabones de esta red fallara, o fuera inexistente, para seguir resignado, sin posibilidad de adquirir inmunidad. Espero que algunos amigos individualistas que tengo, que valoran las transacciones de manera excesivamente exclusiva, se cachen la importancia que tiene el trasfondo de relaciones sociales para que se produzca valor en la práctica. Y que las amistades de izquierda que me quedan, que se hacen esperanzas demasiado exclusivas con los derechos, se percaten de la importancia que tienen las tradiciones encarnadas en comportamiento humano para que los derechos se realicen. China lo aprendió clarito. Muchos países cercanos y lejanos, no tanto.

YA SÉ

(Marzo 25, 2021)

Digo "yo sé" y la situación se congela, la conversación se cierra. Tiene algo de máquina de guerra saber. Digo "no sé" y la realidad se tempera, el diálogo y la convivencia agarran vuelo.

Pocas cosas hay en el mundo que se puedan dar por sabidas, a la vez que todas. Cuando Newton vio caer las manzanas del árbol, era muy sabido lo que estaba ocurriendo. Tenían que caer, obviamente, no iban a elevarse por los aires. ¡Todos sabían eso! Desde tiempos inmemoriales se sabía que la fruta se caía de los árboles. Hasta que el inglés dijo "no sé", y la conversación sobre la caída de los objetos se descongeló. Miren lo que resultó de eso. (Le robé el ejemplo a la creadora polaca de poemas conmovedores, Wyslawa Zymborska, premio nobel de 1989.)

Al dar algo por sabido re-conozco una verdad; me quedo en el pasado. Siento que las cosas ocurren normalmente. Imagino que es necesario hacerlo a menudo. Al decir "no sé", en cambio, busco lo nuevo en lo manido, exploro nuevas posibilidades ocultas en lo que considero obvio. Pongo en duda lo que creo saber porque hay algo que no me sale bien como antes. Si el conocimiento avanza en forma continua, lenta y acumulativa, lo que digo no importa mucho. Sin embargo, Newton dio un brinco. Fue una discontinuidad. Hablamos hoy de innovación para sugerir lo mismo: que el conocimiento da saltos inesperados. De un día para otro puedo quedar preso en un pasado irrelevante, si no me cuido.

Imagino que muchas experimentamos diariamente la llegada del futuro como turbulencias, no anuncios o predicciones cumplidos. La vida se reconfigura a nuestro alrededor, las cosas resuenan con afinamientos nuevos, nos desarticulamos y rearticulamos. Personalmente me pasa a diario. Todo lo sabido parece disolverse en el aire en cuestión de días. Necesito aprender a actuar sin saber cómo hacerlo, so pena de quedarme enredado en el pasado..., un tanto ido.

¿Es posible inventar una política basada en no saber? Más vale. Basarla en el conocimiento, en saberes fijos dados por obvios, la condena con toda probabilidad a la obsolescencia. A perder muy rápidamente sintonía con la historia. En un mundo turbulento, hacerse expectativas de estabilidad duradera con seguridad producirá frustración y sensación de caos. Y la percepción desesperada de desorden tiende a producir nostalgias de garrotes estabilizadores.

¿Cómo hacer una política así? No sé, por supuesto. Imagino que en forma parecida a como estamos aprendiendo a vivir: experimentalmente, en forma exploratoria, tanteando a prueba y error. En consonancia con la finitud de nuestro poder. Navegando con flexibilidad más que procurando estabilizar reglas e instituciones. Se me ocurre que para hacerlo se requiere una muy alta cuota de confianza colectiva y de legitimidad de las prácticas institucionalizadoras. ¿Difícil? Es posible. Pero puede ser imprescindible. Quizá esta alternativa –confianza colectiva y legitimidad a escalas inéditas, o bien autoritarismo– termine por ser una exigencia de los tiempos históricos que corren.

No sé. Pero como dice un proverbio chino, también hay que confiar en la sabiduría de las generaciones venideras.

¿MUNDO LÍQUIDO?

(Abril 8, 2021)

¿Qué pedirle al estado en un mundo liquido?

El año 2000 un conocido sociólogo acuñó el término "modernidad liquida" para caracterizar el mundo de la globalización y la computación a escala planetaria. Veinte años más tarde, me parece que el líquido se licúa cada vez más.

La malla de prácticas en las cuáles existimos se reconfigura sin parar. En mi caso, la comunicación móvil ha sido especialmente transformadora. Las nuevas maneras de comprender la diversidad sexual no han dejado de tensionar la existencia de un tipo criado por curas en un país católico en los años cincuenta, como yo. Y la apropiación cruzada de prácticas entre sectores disjuntos de la malla ha creado nuevas realidades a veces chocantes para mí. P. ej., algunos servicios públicos provistos por contratistas privados.

Ahora, no creo que sea la velocidad con la que emergen las novedades la que hace líquido el mundo. Es la existencia entera la que está sujeta a desajustes y reajustes con los cambios. No somos capaces de integrar en nuestra manera de ser las nuevas situaciones sin que ella sea modificada. Y con ella nosotras mismas. Lo más nuevo para mí ha sido darme cuenta de que la complejidad de la red de nuestras prácticas es tan grande que se hace prácticamente imposible calcular de antemano las consecuencias de mis acciones. Cómo se reajustará la malla interactuando con lo nuevo será siempre contingente. De aquí, supongo, la metáfora de lo liquido. La ausencia de bases sólidas bajo nuestros pies. La estabilidad convertida en utopía.

Si los estados nacionales consideran que su derecho y su deber consiste en asegurar un determinado orden estable en los territorios donde ejercen soberanía, tendrán serios problemas. Entenderse como un sistema de defensas hidráulicas, especialmente en el país pequeño que somos, no tiene caso para nuestro estado. En el mundo liquido importa la agilidad más que el tamaño, aunque lo peor es ser chico y lerdo. Pequeño y anclado a tierra.

¿Puede la nación mirar a su territorio y su estado con un cierto desapego? No sé bien qué querría decir eso. Pero sí sé que en vez de construir defensas hidráulicas en nombre de que "en mi territorio mando yo", mejor sería que la nación se convirtiera en navegante. En una embarcación de alturas oceánicas, y nosotras en gente de ambientes líquidos. Personas diestras para florecer en las turbulencias, lo desconocido, lo incontrolable. Y haciéndolo, producir valor para las demás y acumular poder. Imagino transformaciones radicales y masivas en nuestra educación, misiones desafiantes compartidas, cultivo de solidaridad navegante... Me quedo corto.

Chile no tiene destino como tierra firme protegida por diques. Es demasiado minúsculo para resistir las avalanchas descomunales de capital global, las migraciones, la destrucción medioambiental planetaria, la competencia despiadada, las tormentas tecnológicas, los despliegues militares abrumadores. No le queda otra que navegarlos.

En tiempos constitucionales, ojalá que el estado pueda mirarse a sí mimo menos como soberano de territorios y súbditos, y más como facilitador de la creación de una nación de navegantes. Una pega sin fórmulas, experimental, sin posibilidades de control, sin brújulas ni mapas. ¡Quién sabe bien adónde dirigirse en un mundo liquido! ¿Hay ejemplos? No sé. ¿Enrique el Navegante?, ¿Moisés? ¿La restauración Meiji?, ¿Los peregrinos ingleses? ¿Los comerciantes de la Ruta de la Seda?

¿EDUCACIÓN PARA NAVEGAR?

(Abril 15, 2021)

Vivimos mirando al porvenir; sabemos mirando al pasado. Cuando el mundo es turbulento, esta fórmula colapsa por completo.

Nos educamos acumulando saberes, como si el mundo fuera sólido. Algo así como una bodega de cosas y personas agrupadas por categorías, que debemos saber manipular mediante protocolos y procedimientos. Desde la ingeniería a la psicología, pasando por la economía y la sociología, me parece que eso es lo que normalmente aprendemos a hacer.

El mundo líquido es un mundo de conversaciones. De creación compartida de narrativas que le dan sentido a la existencia, crean horizontes de posibilidades e inventan propósitos. Y también de escuchar narrativas de otras, y las que intiman lo que viene. (C. Cavafis: "El misterioso rumor les llega de los acontecimientos que se aproximan"). Me parece evidente que narrar y escuchar narrativas es educable. Pero no abandonando las humanidades en nombre de destrezas tecnológicas para manejar con eficiencia cosas y personas por categorías en el mundo–bodega. No convirtiendo las narrativas en esquemas lógicos (*Power Point*), éstos en información y ésta en código binario; y dejando aquellas clasificadas como "Artes y Letras" en un estante del mundo-bodega.

También de conversaciones para actuar, colaborar y producir resultados. De hablar comprometidamente en la intersección de las narrativas y la acción. Exige cambiar la educación del lenguaje que acarrea información, al lenguaje performativo. Enseñar a conversar como práctica creadora de relaciones valiosas y confiables. Pocos pueden navegar solos en el mundo líquido. La navegación es un arte grupal, colaborativo, altamente exigente de confianza. (F. Flores et al., "Building Trust", Oxford.)

La navegación de altura en un mundo líquido solo es posible acompañada de estados de ánimo propios. Cuando menos por oposición al ánimo de confianza personal basado en saber, en la certidumbre, típico del que es necesario para manejarse competentemente en el mundo-bodega. El ánimo que cultivamos por default en nuestro sistema de enseñanza –aplomado si sabe qué hacer, fracasado y atemorizado si no sabe–, al que nos hemos acostumbrado.

Se navega en el mundo liquido en un ánimo de resolución serena. La responsabilidad por la acción es exclusivamente de la navegante, con plena aceptación de que el cálculo de minimización de riesgo no es posible y no hay números que puedan fundamentar ni justificar su decisión. Y de serenidad frente a un futuro que traerá eventos contingentes imposibles de controlar, que nada es seguro. Vivir a la expectativa de resultados planeados, olvidadas de la radical imposibilidad de predecir –pensando que esta vez sí el riesgo ha sido bien calculado– es el ánimo habitual que preside la acción en el mundo-bodega. A la espera, haciéndose ilusiones una vez más, cargado de ansiedad.

¿Se puede cultivar un ánimo de resolución serena? Seguramente, tal como fue aprendido el ánimo de certidumbre basado en saber de la modernidad científico-tecnológica que convirtió el mundo en bodega. Quizá épocas pretéritas más líquidas, navegantes y aventureras que la nuestra lo experimentaron como normal. (G. Agamben, "La Aventura")

UN MUNDO SIN CIUDADANOS NI CLIENTES

(Abril 29, 2021)

¡¿Dirección?!, exige el carabinero. Sale de mi boca la de mi correo electrónico. Mirada fea, corrección inmediata. Desde tiempos napoleónicos el estado nos obliga a vivir en calles bautizadas y con números decimales.

(Calle, Número), la verdad, me importa cada vez menos. Mi dirección activa es la que tengo en las plataformas digitales fuera de las cuales no puedo vivir. Google, WhatsApp, Facebook, Twitter, Amazon, Netflix, Spotify... No se cuántas más. Me pueden ubicar, *around the world*, en redes de direcciones globales, en las cuales me encuentran quienes quieren decirme, ofrecerme, proponerme o pedirme algo, incluidas especialmente las plataformas y sus robots

Una plataforma es un territorio no terrestre, con un soberano. Este declara las condiciones para entrar, incluyendo una identificación, y las demarcaciones, estándares y reglas que imperan en su interior. Adentro se puede actuar con libertad en el espacio de lo permitido; en general, casi todo lo que es posible hacer en los espacios terrestres, y mucho más. Existe en otra dimensión que los territorios terráqueos. No necesita sus pasaportes ni sus medios de pago, no sabe de nacionalidades. Es un territorio con un orden obviamente político, si se presta atención a las categorizaciones que establecen clases diversas de actores, pero no es un estado nación.

El soberano de la plataforma ejerce el poder de una manera especial. No persuade, no castiga ni disciplina, ni siquiera ejerce hegemonía. Simplemente convierte la imposición en conveniencia, tal como la cuadrícula de las calles de una ciudad obliga sin hacerlo aparente. Ejecuta la conversión con destreza, usando algoritmos estructurados por las acciones en la plataforma, que la modifican constantemente para hacerla más conveniente. Así espanta las insatisfacciones y a las competidoras.

Ni ciudadanas ni clientes, en las plataformas somos usuarias. Nuestra ciudadanía queda afuera, y no pagamos a cambio de las conveniencias recibidas (o remuneramos menos que su costo). Las plataformas no son estados ni mercados. Cómo hacen dinero con usuarios no clientes es harina de otro costal.

Pienso que la estructura de plataformas globales es el nuevo mundo en el que vivimos por obra y gracia de la revolución digital. En ella habitamos usuarias ubicables como claves en redes globales de direcciones. Perfora el espacio terrestre de los estados nacionales y el mercado. Hasta hace muy poco, los únicos centros de soberanía en el mundo, y la principal manera de intercambiar en éste. Pone en su lugar al soberano del estado nacional, dueño del derecho a mandar en su territorio. Y jaquea al capitalista industrial. Las plataformas constituyen la estructura líquida del mundo líquido. Sus aguas profundas, imagino que podría decirse.

Más le vale al soberano del estado nacional territorial descubrir las bases de una nueva humildad. Ya no manda en el mundo en el cual todos existen, como hasta hace poco. Gran parte de la vida de la mayoría transcurre hoy en el universo de plataformas digitales. Y también le valdría la pena sintonizar con las maneras como se ejerce el poder en ellas:

sin argumentar, sin persuadir, sin pretender hegemonizar, simplemente haciendo conveniente.

¿Esperar humildad y sensibilidad del soberano? ¿Justo en el momento en que se constituye como tal a mi alrededor? No me queda otra... ¿Y por qué no?

¿QUÉ ES UN CELULAR?

(Mayo 6, 2021)

No tengo claro quién es el sujeto en la relación que tenemos mi celular y yo.

El aparatito no es el teléfono que alcancé a conocer, del que metamorfoseó. Es un portal de entrada en mi mano a miles de plataformas. Mundos digitales en los cuales existo junto a otras personas, tal como lo hago en el mundo terráqueo al cual pertenece el artefactito como caparazón. Portales que abro con un movimiento de mis dedos, tanto como me atraen agentes humanos y robots de esas plataformas. Usando el celular me ensimismo con respecto a las demás habitantes del terreno terráqueo, para convivir estrechamente con otras personas en los terrenos plataforma. Espacios en los cuáles centenares de millones de personas adquieren nuevas narrativas sociales e íntimas, los juegos crean nuevas pulsiones lúdicas, plataformas musicales y de video crean nuevas emociones y sensibilidades, y moldean nuevas formas subjetivas. Circulo por la calle como el punto de intersección de un paralelo y un meridiano terráqueos. Con el celular en la mano, me convierto en el punto de intersección de miríadas de líneas geodésicas de tantos otros mundos. Puedo verme como una estrella en desplazamiento, con un titilar variable.

Me habitúa habitar en los mundos digitales, tanto como en el mundo terráqueo. De manera Imperceptible me producen nuevas habilidades, me crean nuevas formas de comportarme socialmente y nuevas identidades sociales; con ellas, un nuevo sentido íntimos de ser quien soy. No es una minucia lo que ocurre al manipular el pequeño aparatito. Mejor me cuido de dar por sentado que el celular es un objeto, un mero instrumento, a pesar de la sensación que tengo de controlar totalmente una cosa dócil cuando lo agarro con la mano. El celular nos produce a nosotras mismas cuando creemos manipularlo en forma objetiva y controlada. Reconozco que me ocurre a mí, y no creo que sea muy diferente con las demás.

A veces intento visualizar la conexión material continua que hay entre mi celular, las torres de enlace locales a la vista en techumbres y cerros, las grandes redes transnacionales de electrones y bits, terrestres , aéreas, marítimas y espaciales, y los data centers, esos campos de computadoras interconectadas que cubren hectáreas, donde existe La Nube, el lugar terráqueo de residencia de las plataformas. Oculta en edificios deshabitados de centros urbanos abandonados, en galpones indiferentes sembrados en medio de la campiña, en cavernas de minas abandonadas, incluso en instalaciones submarinas oceánicas, La Nube sostiene mi incesante ir y venir entre los mundos plataforma.

Imaginando mirar desde La Nube, me veo colgando de sus extremos por el celular asido en mi mano. Al agarrarlo entre mis dedos, el aparatito me agarra a mí con las gravitaciones múltiples de los mundos plataforma. Más que una estrella brillando, me siento un planeta tironeado. Sujeto a todas las maneras imaginables de ser demandado y producido por plataformas invitantes, exigentes, obligantes, seductoras, manipuladoras, solapadas, convenientes...

Creo que más vale avisparnos un poco con las limitaciones de nuestra autonomía individual, de la soberanía que tenemos sobre nosotras mismas. Igual que con la del soberano de los territorios terráqueos nacionales. Fue en esos territorios que emergimos como individuos-alguien sin necesidad de ser un título nobiliario, o depender de uno. Ambas autonomías emergieron juntas en la historia, si no me equivoco. Han sido condición de posibilidad recíproca, una de la otra. Entenderlas mejor puede ayudar a no perderlas por completo, o a aprender a dejarlas atrás, en el mundo tecnológico.

HUMBERTO MATURANA

(Mayo 13, 2021)

Tuve la suerte de escucharlo por primera vez el año 1980, por ahí, en una presentación de un día entero que hizo junto a Heinz von Foerster, el célebre cibernetista, en el Instituto Chileno Norteamericano. Imagino que el lugar garantizaba la libertad de la conversación. Dañaron mis esquemas mentales.

Corrí a leer De Maquinas Y Seres Vivos, escrito por Maturana y Francisco Varela en 1973. Adquirido ese año, lo dejé arrumbado en algún rincón que me costó recordar debido a mi existencia nómade de esos años. Me encontré con la autopoiesis como característica definitoria de lo vivo. La constante auto-producción de su organización distintiva es lo que constituye a una unidad viviente. El daño se hizo irreparable.

Atesoro dos hallazgos.

Determinada por su estructura, la unidad autopoiética es cerrada a toda influencia del medio a la que no está estructuralmente abierta. De su mundo no forma parte nada a lo que está cerrada, aunque algún otro ser vivo pueda interactuar con aquello. Desde que hay vida, no tiene sentido hablar de separación entre sujeto y objeto, entre unidad autopoiética y mundo. El ser vivo crea su mundo, y haciéndolo se crea a sí misma. No hay bases para dualismos.

A la unidad autopoiética no le entra nada que no cuenta con una puerta adecuada. No absorbe información, palabras, ideas ni razones. No recibe instrucciones. Todo lo que incide sobre ella desde el medio es "interpretado" maquínicamente por su estructura. Creo que intuí de inmediato que la comunicación entre seres vivos con lenguaje no consiste en hablar claro, en trasmitir razones con precisión, en seguir normas lógicas. Se consigue interpretando cómo son interpretados.

El primero lo atesoro por apartarme de tentaciones metafísicas, materialistas e idealistas. Me libera de moralismos y autoritarismos. El segundo lo atesoro como condición esencial para comunicarme y establecer relaciones valiosas.

Como ningún otro chileno que yo sepa, Maturana entra al club más graneado de científicos del mundo en Estados Unidos, antes de su hallazgo definitorio de la autopoiesis. Una campanada que desafió radicalmente concepciones imperantes biológicas, neurobiológicas, de teoría de sistemas, de teoría del conocimiento, de teoría de la información, cibernéticas, sociológicas; todas de una. Además de apreciar la influencia única que tuvo un hallazgo del pensamiento nacido en esta tierra en múltiples ramas de las ciencias biológicas y humanas, yo valoro muy especialmente el coraje de Humberto Maturana. Desde Santiago de Chile, no precisamente el centro del mundo, él y Varela se atrevieron a desafiar radicalmente, fuerte y claro, a la comunidad científica mundial. ¡Con una definición de la vida! Chapeau.

"Todo lo dicho es dicho por alguien", resume los dichos de Maturana. Recuerda que no hay verdades ni reglas válidas en sí mismas. Me ayuda a tener presente que cuando generalizo, doy verdades por obvias, atizo valores, exijo razones y hablo en tercera persona, no hay nada más que yo mismo hablando. Mantener a la mano el yo de la primera persona me ayuda a ser menos imperial. O sea, considerando el ser local y de corta duración que soy, menos huevón.

¡*Chapeau* y gracias!

MIEDO

(Mayo 22, 2021)

Es raro el miedo, encuentro yo. Supongo que le tengo miedo a los toros porque son obviamente peligrosos; pero no es el caso del torero. La inversionista sabe que el mercado financiero es riesgoso, pero si es competente, no le teme; yo sí. El político sazonado sabe que las elecciones son inseguras, pero no las enfrenta con temor. O sea, el miedo convierte el peligro, el riesgo y la inseguridad –lo que amenaza– en aterrorizante, no al revés.

¿Y el miedo, de dónde sale? Para mí, el miedo nace de una incompetencia. La percepción de mi falta de habilidad para enfrentar lo que percibo como amenaza, convierte lo amenazante en medroso. Incluso la percepción de amenaza –peligro, riesgo, inseguridad– anticipa de antemano el miedo, las incompetencias con las cuáles observo y evalúo.

Debido a la pandemia y los inesperados resultaos electorales recientes, la percepción de amenaza parece haber crecido exponencialmente en ciertos ambientes sociales. El riesgo financiero se ha disparado, la inseguridad política también, y la sensación de peligro de ciertas identidades, incluso por la integridad biológica. Los poderes políticos, sociales y económicos establecidos se han debilitado. Para quienes han experimentado la disminución, el futuro de pronto se ha vuelto impredecible. No se puede controlar, que era exactamente lo que el poder aseguraba. Emergen sueños escapistas de estar en otros lugares, seguros, estables, predecibles, calculables. Pero son quimeras. Creo que pocos se engañan con ellos.

¿Entonces, cuál es la incompetencia que ha depositado miedo como una nube espesa sobre cierto barrios de la ciudad? Las ausencia de habilidades para moverse en un medio contingente, se me ocurre que debe ser la más relevante. Quizás la costumbre de calar sandías, calcular riesgos, actuar sobre seguro en yacimientos, tierras y aguas bajo control, y de moverse en juegos políticos bien definidos se dio demasiado por supuesta. Convertida sin cuestionar en hábito, en memoria operante olvidada, impidió prepararse para actuar en un mundo con sorpresas inesperadas, como virus inéditos y votantes impredecibles.

Imagino que el miedo anda por rincones en los que se presupone que las decisiones racionales necesitan ambientes estables, fundados en poderes de control dados por supuesto. Emerge del hábito de creer que un mundo contingente es, por definición, amenazante si se carece de poder para controlarlo. Si no me equivoco, el capitalismo liberal de mercado es un ambiente así. O sea que el reflejo poder–control–acción lleva su tiempo incubando obsolescencia y ansiedad en esta tierra.

Chile no es el lugar quimérico que no existe en ninguna parte, como quizá se pensó en su momento. El rincón utópico realmente existente en el sur del mundo. El reino de la estabilidad de una figura en un pizarrón universitario. Hace rato. Cachárselo a tiempo habría evitado el miedo. Se me ocurre.

PREGUNTAS DENSAS

(Junio 10, 2021)

Desde mi oxidado ser economista han surgido en las últimas semanas ciertas preguntas que me rondan en el magín, por su cuenta y sin respuestas. Será por el virus; no sé. Para superar lo que ya es una pesada molestia, creo que lo mejor es comunicarlas.

Aquí van, embutidas con disculpas por la molestia.

¿Fue un gran error de la Concertación (si acaso puede hablarse de errores en estas materias) sobreestimar el poder del capitalismo en Chile?

¿Su empeño por instalar un sistema de corte socialdemócrata a la europea, no necesitaba un capitalismo con el carácter y la fuerza del europeo?

¿Era necesario un mercado interno grande para articular a trabajadores (salarios elevados) y empresarios (alta demanda interna) como base de un sistema socialdemócrata?

¿Lo hacía inviable a la larga un capitalismo exportador basado en recursos naturales, de rentas elevadas y salarios no tanto?

¿Fue complaciente el estado que se dedicó a distribuir y garantizar derechos, y no a superar estas limitantes fundamentales?

¿No lo sigue siendo hoy?

¿Qué clase asumirá la posibilidad de articular desde el estado a trabajadores y empresarios en un sistema de exportación basado en el talento y la excelencia?

¿Está muerta la clase de intelectuales, profesionales y técnicos que asumió la responsabilidad de modernizar y transformar desde el estado la economía chilena, terminada la Gran Guerra?

¿Pueden resucitar de entre los muertos agentes sociales como ése?

¿Cómo hacerle en tiempos constituyentes para no obnubilarnos y complacernos demasiado con la distribución y los derechos, cuando nuestro poder económico como nación es un habilitante e impedimento fundamental?

Gracias por la atención prestada. Ya me siento más aliviado.

DOGMATISMO Y POSTVERDAD

(Junio 24, 2021)

Entiendo que el dogmatismo consiste en vivir bajo la convicción de verdades que trascienden el ser situado y finito que somos. Las verdades eternas de la religión son, con seguridad, las primeras que se nos vienen a la cabeza. Pero también están las verdades trascendentes de la moral natural, la naturaleza humana, las leyes de la historia, las leyes naturales y sociales. Habitantes todas de unas tierras altas que presiden las tierras bajas donde transcurre la existencia de quienes convivimos, hablamos y escribimos columnas de opinión.

Las creencias dogmáticas fallan, tarde o temprano. Supongo que estamos de acuerdo en esto. Y no lo hacen por erróneas, por equivocaciones que puedan ser reparadas caso a caso. Fallan por la imposibilidad que tiene el ser situado y finito, habitante de tierras bajas que somos, de alcanzar alturas que lo trasciendan. Tendríamos que disponer de trampolines mágicos. Ojalá estemos de acuerdo en esto también.

¿Cómo se manifiesta en las tierras bajas la falla inevitable de las verdades de altura? Como sufrimientos y desarmonías; las cosas no son como deberían. ¿Qué hace el dogmatismo? Niega la veracidad indesmentible de esos humildes hechos localizados y finitos. Todo con tal de proteger las verdades eternas sin las cuales le horroriza vivir en un mundo de bajuras desprolijas sin coordenadas a priori. Invito a recordar al cardenal que se negó a observar por el telescopio que le ofrecía Galileo; una limpia manera de negar lo visto negándose a ver. Podemos sentir, espero, el padecer concreto, finito y situado de mujeres prohibidas de divorciarse, de abortar y de prevenir el embarazo, de ancianos privados del derecho a decidir su propia muerte, de homosexuales y lesbianas de existir con dignidad... Y también recordamos, imagino, persecuciones, incompetencias y abusos de poder de dogmáticos de leyes de la historia.

Tengo visto que la falla de los dogmatismos conduce a la negación de las pequeñas verdades situadas y finitas de nuestra existencia en las tierras bajas. Emergen momentos, épocas de post verdad. Negaciones absurdas y terribles de verdades elementales. Estamos en una de ellas hoy día; una era de dogmatismo fallido. La gran verdad en las alturas que hace agua por varios costados: el mercado global de mercancías y capital que traería progreso generalizado.

¿Mejoramiento y avance general? Nunca una desigualdad como la de hoy. Tan imposible de imaginar como las magnitudes estelares. Nunca un abuso tan indolente de la tierra que sustenta la vida. Aterroriza como ésta reacciona de vuelta. Nunca un desarraigo tan masivo de poblaciones que sufren lo indecible.

¿Qué niega la post verdad? El cambio climático, la finitud amenazada de lo terrestre. La desigualad, recubriéndola en promedios y abstracciones. La migración como resultado inevitable de la globalización desenfrenada de capitales, convirtiéndola en delincuencia. Verdades elementales cargadas de sufrimiento de las tierras bajas.

¿Qué hacer? ¿Confrontar los dogmatismos fallidos con otros mejores? Creo que más vale aceptar con ligereza el carácter situado y finito de nuestra existencia. Dedicarse con verdadera humildad a cuidar los dolores y posibilidades de nuestra vida aquí abajo, evitando entusiasmarnos con la claridad alucinante de alturas imposibles para seres terrestres.

APROPIACIÓN DE NARRATIVAS

(Julio 1. 2021)

De niño recibí una educación con abundante historia y mucha literatura en castellano e inglés. Imagino que aprendí en forma natural que el mundo no es una colección de cosas y entidades –como una gran bodega–, sino que consiste en narrativas que les dan significado. Más tarde, la universidad fue un ejercicio sistemático de sustitución de esas narrativas por protocolos, esquemas conceptuales y ecuaciones. Una práctica que empobrece fatalmente el mundo, reduciéndonos a calculadoras que resuelven problemas. Me aburrió.

Leyendo los evangelios, recibimos a Jesús de Nazaret, esa figura conmovedora que nos constituye hasta los huesos todavía hoy. Imposible descubrirlo en los mandamientos de dios y la iglesia. Recuerdo que circulaba en la universidad un popular libro titulado "Para leer El Capital", cuyo propósito era hacer innecesario leerlo. Reemplazaba la desafiante narrativa de Marx sobre el capitalismo, llena de vitalidad, por una estructura de conceptos inertes. En la sala de clases, la iluminadora Teoría General de Keynes, sustituida por las ecuaciones LM e IS, era clavada como un insecto muerto en las dos dimensiones del pizarrón. La sugerente narrativa de Hayek de los mercados como instituciones creadoras de *know how*, era enterrada en la ridícula pretensión de las ecuaciones de equilibrio general.

Apropiarse de narrativas es, en mi opinión, un propósito esencial de la educación; quizá el propósito esencial. Ha sido para mí.

Descubrir narrativas a tiempo en un mundo en el cual estas cambian y se rearticulan constantemente, no es una competencia baladí. Descubrirlas transmutadas en esquemas conceptuales, es llegar tarde. Cuando ya son *commodities* en textos técnicos. Por suerte para mí, esa clase de tratados me aburre.

Explorar las narrativas descubiertas tampoco es trivial. La dificultad de entrarle, si se trata de narrativas verdaderamente nuevas, es un freno. La tentación de declararlas incomprensibles puede ser insoportable. Una cierta manera superficial de interpretar el espíritu crítico, es otra dificultad. Si ante lo nuevo que emerge en la exploración tenemos disponibles los reflejos de ataque y defensa creados en narrativas anteriores, no aprenderemos nada. Es un contumaz hábito mío, siempre al acecho. La exploración de una narrativa se deja llevar por ella. La navega evitando las evaluaciones negativas, más astutas que relevantes, de argumentos, razones y justificaciones. Es, en parte, dejarse apropiar por ella.

Dejarlas atrás, o abandonarlas, es otra habilidad nada de obvia. No queremos ser conversas, y a menudo las narrativas tienen mucha fuerza. Al final, queremos ser nosotras quienes se apropien de ellas. ¿Qué es lo no pensado en las narrativas exploradas?, puede ser la pegunta fundamental. Más que la detección de errores argumentales o de apreciación, abandonarlas busca las cegueras que están en su base. En El Capital, puede ser la demanda como componente del valor. En Keynes, quizá la capacidad de los especuladores de anticipar las acciones del estado. En Hayek, tal vez la ceguera a la capacidad de los mercados de crear al ser humano, no solo conocimiento. Dejar atrás una narrativa no produce seguidores ni oponentes de ella, más bien crea post ella. Apropiadas. Liberadas, pero enriquecidas por ella. Libres, pero en alguna medida, otras. Para mí, es el aprendizaje como goce y responsabilidad.

Como esquema conceptual, me parece que el mundo se reduce a una colección de verdades y falsedades. Dogmatiza. Como narrativas, en cambio, lo verdadero y lo falso en el mundo nace de ellas y está sujeto a ellas. No creo que éstas tengan una justificación última, pero articulan formas de vivir que les dan fundamento, por las que podemos tomar responsabilidad.

DEJANDO CAER NOMBRES

(Julio 15, 2021)

Dicen que en el templo de Apolo en Delfos (Siglo VI AC) estaba escrito “Conócete a ti mismo”. Un mandamiento – advertencia de un dios muy terrestre, que posiblemente conocía sus limitaciones. Muy valioso, se me ocurre, para personas con poder, o que creen tenerlo, como nuestras constituyentes. ¿Qué imagino que podría aconsejarles a ellas? No hacer leyes que, personalmente, terminen por no poder cumplir, o no estar dispuestas a hacerlo. Leyes que, después de escritas, las superen a ellas mismas.

Una segunda máxima en el mismo templo recomendaba “Nada en exceso”. Sabía el dios que el humano es capaz de extremos ilimitados de ascetismo y depravación. Le recomendaba cuidarse de sí mismo. Contener su tendencia a inventar normas angélicas y castigar con sangre. Muy aristotélico buscar el justo medio. Muy precavido, quizá hasta sabio. ¿Le dirá algo esa máxima a nuestras constituyentes? Que inventen una constitución cumplible, tal vez. Para seres humanos comunes y corrientes. Medianos. Ni dioses ni demonios.

Años después, (Siglo XV DC), Pico de la Mirandola, un humanista, interpreta los designios de su dios, uno muy distinto a la deidad terrestre griega, con estas palabras: “La naturaleza encierra a otras especies dentro de unas leyes por mi establecidas. Pero tú, a quien nada limita, por tu propio arbitrio, entre cuyas manos yo te he entregado, te defiendes a ti mismo... No te he hecho ni celeste, ni terrestre, ni mortal ni inmortal, a fin de que tú mismo, libremente, a la manera de un buen pintor, o hábil escultor, remates tu propia forma". Pienso que los viejos griegos reconocerían la desmesura de inmediato. La hybris que garantiza la perdición de quienes tienen poder, o creen tenerlo.

El dios dedicado a cantar alabanzas al humano, que Mirandola recluyó en un geriátrico, no solo terminó asesinado, sino que el deicida se declaró heredero único de su poder infinito. Elevó su desmesura a potencia. Por fin podremos ser Césares con el alma de Cristo, dijo Nietzsche, el primero en reconocer el deicidio. (Se me ocurre que el filósofo no se conocía muy bien a sí mismo; y que soñaba con excesos)

Años más tarde, después de la carnicería feroz del siglo XX, el de La Liga de las Naciones, el de las Naciones Unidas, el de la Declaración de los Derechos Humanos, una filosofía más humilde nos recuerda que somos seres situadas y finitas. No somos dioses ni diosas, ni heredamos poderes divinos, sostienen pensadores conscientes de nuestra historicidad. Antes de actuar o pensar, ya somos acarreadas por el pasado. Opera en nosotras una memoria que no podemos recordar por completo, ni controlar. Somos de aquí. Somos de ahora. Pertenecemos a la historia hasta el último hueso. Lo que es posible para nosotros es cuidar eso que somos. Inventarlo de cero, comenzar en blanco, no le es dado al humano.

Conócete a ti mismo= Hazte cargo de que te posee una historia. Sintoniza con ella todo lo que puedas. Cuídala.

Nada en exceso= No exageres, recuerda que tu mirada no llega muy lejos ni durará mucho. Da espacio a otras miradas. De ellas aprenderás.

¿Podría resumir así las dos máximas apolíneas para hacerlas relevantes hoy día? Creo que sí.

NÓMADES Y SEDENTARIOS

(Agosto 5, 2021)

Hay casos de conversión de pueblos nómades en sedentarios. Entre que conozco ejemplos históricos y los imagino. Se necesita un hombrón (normalmente ha sido el género indicado) poderoso con un garrote y una familia extendida que lo siga, que domine a las demás tribus lejanamente emparentadas que deambulan por un territorio más o menos delimitado, y declare fronteras y súbditos. Sedentarizar aparece así como una operación de dominio, orden y estabilización.

¿Puedo imaginar la operación contraria, la conversión de poblaciones sedentarias en nómades? Sería un proceso histórico de liberación de un soberano, de desterritorialización de unas fronteras, de inestabilidad y desorden. Una expansión de libertad. No pienso en la migración, el cambio de un soberano sedentario por otro, sino en el nomadismo. Así como la sedentarización crea un pueblo-nación mediante la articulación solidaria de tribus de familias emparentadas, la transformación nómade supondría quizás convertir la sólida densidad de un pueblo-nación en articulaciones de agrupaciones conectadas.

¿Hay espacio para algo así? Desde que el mapa del mundo se cubrió por completo de territorios de estados naciones, no, por supuesto. Aunque en pequeña escala sí; después de todo siguen existiendo nómades gitanos y se redescubre el nomadismo entre ciertas poblaciones desarraigadas de las grandes ciudades. Sin embargo, en el nuevo espacio de las redes digitales, por cierto que sí. Corporaciones y grandes patrimonios ya aprovechan ventajas del nomadismo desarraigado de territorios y soberanías, jugando con los diversos sistemas tributarios y legales nacionales. Lo hace también la población de técnicos y managers trasnacionales que maneja las corporaciones globales. Y se puede añadir la masa de jipis, aventurerillos, vividores y eternas turistas curiosas que vagabundea por el planeta.

¿Tiene sentido pensar en una política pública (disculpen el terminacho) pro-nomadismo? Se me ocurre que hay ciertas condiciones que la hacen imaginable. Una, si se trata de un país con poca población y muchos recursos naturales, obligado a dedicarse a la exportación basada en éstos. Dos, si hace lo que hacen todos los estados nacionales: territorializar a su gente al interior de las fronteras nacionales y educarla para explotar esos recursos. En estas condiciones se creará una sociedad de altas rentas y salarios relativamente bajos. Fatalmente desigual.

Habría que educar para el nomadismo, digo yo. Así como los vagabundos se bajaron del caballo, olvidaron sus habilidades ecuestres y adquirieron las competencias necesarias para la vida urbana, habría que educar para un nomadismo contemporáneo. Concentrarse en la calidad global de los recursos humanos (disculpen el insulto, peo lo necesito pare el juego de palabras), más que en la calidad global de los recursos naturales. Formar nómades de excelencia para el mundo sin fronteras de las redes digitales. Exportar –dejar ir– personas altamente competentes, más que solamente buenas fruta y cobre fino. Técnicos, managers, empresas, asociaciones, grupos...

No soy experto en educación, pero se me ocurre que habría que comenzar por masificar la *lingua* franca de los territorios sin fronteras de hoy: el inglés y el código digital. No creo que instalar esta base sea muy complicado. Ni muy caro. Habría que hacerlo, solamente.

¿Se puede mantener articulado un pueblo nación que se dispersa como grupos nómades por el mundo sin fronteras? Es una buena pegunta, acostumbra a decir el profesor sabelotodo para aplacar al preguntón, cuando no sabe la respuesta.

ÍNDICE

www.ingramcontent.com/pod-product-compliance
Lightning Source LLC
LaVergne TN
LVHW041104150826
845673LV00007B/1918

9789566131236